园林景观实用系列②

U0673746

园林景观
地形·铺装·路桥
设计施工手册

田建林　张　柏　主编

中国林业出版社

《园林景观地形铺装·路桥设计施工手册》编辑委员会

主　编	田建林	张　柏			
编　委	王伟艳	徐　娜	孙明月	卢俊文	
	杨礼辉	孙　雷	刘铁力	季冰风	
	白雅君	赵　慧	余海娟	李红波	
	尹　翔	李程林	田原昌	马宇航	
	王晓峰	陈冬梅	张　霞	李　林	
	郭宝来	靳海波	王远飞	杨卓伊	
法律顾问	白雅君				

图书在版编目（CIP）数据

园林景观地形·铺装·路桥设计施工手册／田建林，
张柏主编 . —北京：中国林业出版社，2012.1
ISBN 978-7-5038-6387-5

Ⅰ . ①园… Ⅱ . ①田… ②张… Ⅲ . ①园林 – 路
面铺装 – 工程施工 – 技术手册②风景桥 – 工程施
工 – 技术手册 Ⅳ . ①TU986.4-62

中国版本图书馆 CIP 数据核字（2011）第 232304 号

中国林业出版社·环境园林图书出版中心
策划编辑：邵权熙　李　惟　贾培义
责任编辑：李　惟　贾培义　印　芳
电话：83229512　　传真：83227584

出版	中国林业出版社
	（100009　北京西城区刘海胡同 7 号）
E-mail	cfphz@ public. bta. net. cn
网址	http：//lycb. forestry. gov. cn
发行	新华书店
印刷	北京昌平百善印刷厂
版次	2012 年 1 月第 1 版
印次	2012 年 1 月第 1 次
开本	889mm×1194mm　1/32
印张	8.25
字数	220 千字

定价　36.00 元

前　言

　　2011 年国务院学位委员会、教育部公布的《学位授予和人才培养学科目录(2011 年)》，将风景园林学增设为国家一级学科，足见园林景观行业的重要性得到进一步的重视，我国园林景观行业发展进入了一个新的阶段。我们欣喜地看到，园林景观建设已经成为城乡环境美化、生态建设的主要手段，园林景观行业的发展也随之取得了长足的进步，行业规模、从业人员数量逐年大幅增长。

　　园林景观学科综合性强，涉及规划、设计、植物、建筑、工程、艺术等多个领域，与实践工作联系密切，对设计实践、施工技术等有着很高的要求。园林景观行业在高速发展，取得丰硕成果的同时，也出现了一些问题，如设计人员不了解施工程序与内容，导致设计方案难以落实；规划设计与施工的脱节，导致设计不切实际；施工过程中没有设计人员配合，随意变更设计方案等。这一系列的问题影响了我国园林景观施工质量、出精品，也影响了国内园林景观行业设计施工水平更上一个台阶。

　　因此，针对实际工作中存在设计施工脱节、设计师与工程师之间存在鸿沟的现状，为了满足园林景观一线从业人员需要，我们组织编写了园林景观实用系列，这套书注重实际应用，可操作性强，是良好的实用技术参考资料和工具书。这一系列包括《园林景观地形·铺装·路桥设计施工手册》、《园林景观水景·给排水设计施工手册》、《园林景观假山·置石·墙体设计施工手册》、《园林景观供电·照明设计施工手册》、《园林植物适用性速查手册》、《园林苗木生产技术手册》、《园林植物景观设计施工手册》、《园林工程资材选配手册》、《园林工程施工组织监理手册》、《园林工程概预算计价手册》。

　　这套工具书介绍了园林景观设计施工相关的基础知识、知识重点、方法技巧、常用数据以及一些工程的做法和原则。在编写过程中，编者力求内容全面，重点突出，深入浅出，直观实用。

　　本书除可供园林景观设计人员、施工技术人员、管理人员使用外，还可供高等院校风景园林等相关专业的学生使用。

编　者

2011 年 9 月

目录

第1章　园林景观地形设计与施工 ………………………… （1）

　　1　地形的基础知识 ………………………………… （1）

　　2　地形在园林景观中的作用 ……………………… （5）

　　3　地形的设计程序 ………………………………… （9）

　　4　地形的类型 ……………………………………… （19）

　　5　园林地形用土注意事项 ………………………… （24）

　　6　园林土方工程施工机械 ………………………… （26）

　　7　园林地形工程施工流程 ………………………… （29）

　　8　地形施工的技术要点 …………………………… （80）

　　9　地形施工的注意事项 …………………………… （83）

第2章　园林铺装设计与施工 …………………………… （88）

　　1　铺装的基础知识 ………………………………… （88）

　　2　铺装的设计步骤 ………………………………… （107）

　　3　铺装方式 ………………………………………… （108）

　　4　铺装材料 ………………………………………… （129）

　　5　铺装的施工流程 ………………………………… （151）

　　6　铺装的施工技术要点 …………………………… （154）

　　7　铺装的注意事项 ………………………………… （170）

第3章　园路的设计与施工 ……………………………… （174）

　　1　园路的基础知识 ………………………………… （174）

　　2　园路在园林景观中的作用 ……………………… （176）

　　3　园路的设计程序概述 …………………………… （178）

　　4　园路区划 ………………………………………… （185）

　　5　园路用材介绍 …………………………………… （189）

　　6　园路的施工流程 ………………………………… （197）

　　7　园路施工技术要点 ……………………………… （216）

　　8　园路施工常见问题及处理 ……………………… （222）

第4章　园桥的设计与施工 ……………………………………（226）

　　1　园桥在园林景观中的作用 ……………………………（226）

　　2　园桥的设计步骤 …………………………………………（227）

　　3　园桥的分类 ………………………………………………（230）

　　4　材料介绍 …………………………………………………（241）

　　5　园桥的施工流程 …………………………………………（243）

　　6　园桥的施工技术要点 ……………………………………（251）

参考文献 ……………………………………………………………（258）

第 *1* 章　园林景观地形设计与施工

1　地形的基础知识

"地形"为"地貌"的近义词，是指地球表面在三维方向上的形状变化，它是其他要素(包括水体)的承载体。在很多场合下，地形可以成为主角，山岳、石林、溶洞、沙漠等都是和青山绿水截然不同的景色。

一般来说，凡园林建设必先通过土方工程对原地形进行改造处理，以满足人们的各种需要。构成园林实体的四大要素包括地形(土山)、水、植物、建筑及构筑物，地形是四大要素之中的首要素，也是其他诸要素的依托基础和底界面，是构成整个园林景观的骨架。土地的使用若不够恰当，造成的损失将是最大的，并且是最难挽回的，当田野、绿带被改为建筑、道路和广场时，它们将难以恢复为原有的形状，若选择适当，建筑的重建、植物的更新相对而言则容易得多。因此，地形的改造处理是园林工程中需要首先解决的问题，也是决定整个园林建设成功与否的关键因素。

1.1　园林地形的组成要素

园林地形的组成要素是指地形中的地貌形态、地形分割条件、地表平面形状、地面坡向和坡度大小等几个方面。

园林地貌形态

地貌形态就是地面的实际样子或地面的基本形状面貌。从我国的情况看，基本的地貌形态主要有山地地貌、冰川地貌、黄土地貌、风沙地貌、海岸地貌及流水地貌等。我国园林中，常见的地貌形态主要有五类，包括丘山地貌、岩溶地貌、平原地貌、海岸地貌和流水地貌。

丘山地貌　丘山地貌指山地和丘陵地的地貌形态，这类地貌的变化与地表的切割情况相关。

①丘陵地形是地表切割深度在 20～200m，断面坡度小于 5% 的地形。丘陵地形对于面积不是很大的园林来讲，地势的起伏度已经够大，园林造景比较方便，但要想开辟大面积水体则显得平地的面积不足。

②山地地形是切割深度在 200m 以上，断面坡度大于 5% 的地形。山地地形的起伏度很大，营造以山景和林景为主的景观很方便，但修建建筑、开辟宽阔水面比较困难，建设过程中土方工程量比较大。

岩溶地貌　在石灰岩广泛分布的地区，由于地表水和地下水对石灰岩的溶解、侵蚀、沉淀和堆积，构成了石灰岩地区特有的地貌形态，这种地貌被叫做岩溶地貌。岩溶地貌所构成的景观奇形怪状、千变万化，观赏价值很高。岩溶地貌本身就提供了丰富的山水洞石等多种多样的景观，一般不需要由人工造景，因此园林中直接利用已有的景观即可。

平原地貌　平原地貌实际上是流水地貌中流域范围内平地部分的地貌。当地表切割深度小于 25m 时，可以称为微分割平原。平原地貌具有开阔的视野，最方便风景建筑的修建、各种原料场地的修建和多数园林植物的生长，可以比较方便地开辟大面积水体。但是，这种地貌中没有现成的山景，必须要通过人工挖土堆山来造出山景。

海岸地貌　一般石海岸地带比较陡峻狭长，泥沙海岸则比较平坦宽广。海岸地貌景观主要由海浪冲击形成的海蚀地貌和由海水搬运作用或生物堆积作用造成的海积地貌组成。利用海岸地貌建造园林，基本上也是直接利用海景、岸景等自然景观，仅开辟或修建一些场地、园路、观景点和风景建筑，栽培一些海岸植物，使海岸景观园林化。

　　流水地貌　流水是改造地表形态的主要自然力。由流水造成的直接地貌形态常见的有：山地、坡地、平地表面的雨裂细沟、冲沟、汇水沟、分水岭等，和与较大水流相伴随的河谷、峡谷、天然堤、河心滩、沙洲、蓄洪湖泊、蓄水水库等。流水地貌是在园林中经常利用的地貌形态。在园林中，一般都要通过一定的工程措施，对自然的流水地貌加以整治。砌筑驳岸，修桥建亭，植荷种树，将地貌改造成为园林化的地貌。

园林地形平面要素

　　地面分割要素　在园林地形构成中，自然条件与人工条件对地面的分割起着主要的作用。

　　自然条件分割　在地面上，由两个方向相反的坡面交接而形成的线状地带，可构成分水线和汇水线。这两种分界线把地貌分割成为不同坡向、不同大小、不同形状的多块地面。各种地面的形状如何，取决于分水线和汇水线的具体分布情况。其他如冲沟、溪涧、河流、山丘、悬崖和峭壁等的带状水体或线状边沿，也对地面进行划分，在地形构成中占有重要地位，实际上也起到汇水线、分水线的作用。因此，分水线和汇水线就是自然地形的两种基本分割要素。

　　人工条件分割　在园林的山地、丘陵和平地上，人工修建的园路、围墙、隔墙、排水沟渠等，也将园林建设用地分割为大小不同、坡向变化、坡度各异的各块用地，这些也是一类地形分割要素，即人工分割要素。

　　平面形状要素　地表的平面形状是由各种分割要素进行分割而形成的。从地块的平面形状来说，东西南北的方向性是其平面要素之一。除了圆形场地外，正方形、长方形、条状、带状及各种自然形状的地块，都有一定的方向性。此外，水平方向上的具体尺度，也是地块平面形状的一种要素。地块的长短宽窄，大小

3

形状等，都可由一定尺度来决定。

1.2 土壤的相关知识

地形工程设计是指对设计区的地形进行立面和平面的改造设计和安排，它受土壤性质及其他自然因素的影响，尤其与土壤的工程性质紧密相关。

土壤容重

单位体积内天然状况下的土壤质量即为土壤容重，单位为 kg/m^3。土壤容重可以作为土壤坚实度的指标之一。同等地质条件下，容重小的，土壤疏松；容重大的，土壤坚实。土壤容重的大小直接影响着施工的难易程度，容重越大挖掘越难，故在土方工程中施工技术和定额应根据土壤的类别来确定其标准。

土壤的自然倾斜角(安息角)及边坡坡度

土壤的自然倾斜角(安息角) 土壤的自然倾斜角(安息角)是指土壤自然堆积，经沉落稳定后的表面与地平所成的夹角。在工程设计时，为了使工程稳定，边坡坡度数值应参考相应土壤的自然倾斜角的数值。另外，土壤的自然倾斜角还受含水量的影响。

土壤边坡坡度 对于地形工程，稳定性是最重要的。无论是地形设计还是土方施工(挖方或填方)都需要有稳定的边坡，在进行土方工程的设计或施工时，应结合工程本身的要求，如填方或挖方、永久性或临时性以及当地的具体条件(如土壤的种类、特征、分层情况、压力情况等)，使挖方或填方的坡度合乎技术规范的要求。如情况在规范之外，则须进行实地测试来决定。

在工程设计高填或深挖时，应考虑土壤各层分布的土壤性质以及同一土层中土壤所受压力的变化，根据其压力变化采取相应的边坡坡度。

2 | 地形在园林景观中的作用

2.1 | 地形丰富园林景观

地形的起伏不仅丰富了园林景观，而且还创造了不同的视线条件，形成了不同性格的空间。

凸地形和凹地形的景观效果

凸地形　如果地形比周围环境的地形高，则会视线开阔，具有延伸性，空间呈发散状，此类地形称凸地形。其一方面可组织成为观景之地，另一方面由于地形高处的景物往往突出、明显，又可组织成为造景之地。另外，当高处的景物达到一定体量时还能产生一种控制感，如图 1-1 所示。

图 1-1　凸地形

凹地形　如果地形比周围环境的地形低，则通常视线会较封闭，且封闭程度决定于凹地的绝对标高、脊线范围、坡面角、树木和建筑高度等，空间呈积聚性，此类地形称凹地形。凹地形的低凹处能聚集视线，可精心布置景物。凹地形坡面既可观景也可布置景物，如图 1-2 所示为凹地形和凸地形的对比。

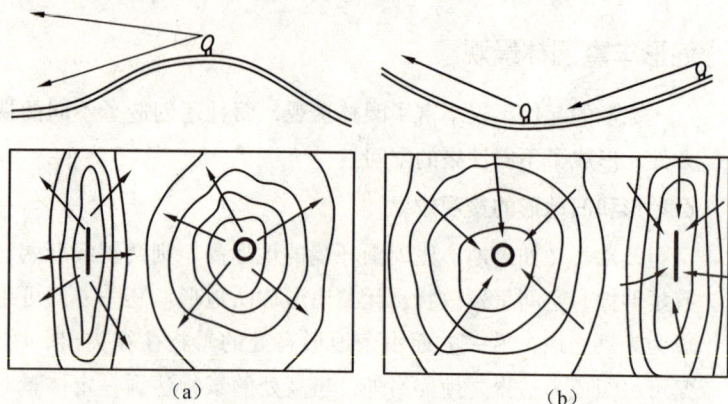

图 1-2　凸地形和凹地形的对比

（a）凸地形　（b）凹地形

地形高差和视线控制

如果地形具有一定的高差则能起到阻挡视线和分隔空间的作用。在施工中如能使被分隔的空间产生对比或通过视线的屏蔽，安排令人意想不到的景观，就能够达到一定的艺术效果。对于过渡段的地形高差，如果能合理安排视线的挡引和景物的藏露，也能创造出有意义的过渡地形空间。

地形的挡与引

地形可用来阻挡人的视线、行为以及冬季寒风和噪声等，但必须达到一定的体量。地形的挡与引应尽可能利用现状地形，如果现状地形不具备这种条件，则需权衡经济因素和造景的重要性后采取措施。引导视线离不开阻挡，阻挡和引导既可是自然的，也可是强加的。

利用地形分隔空间

利用地形可以有效地、自然地划分空间，使之形成不同功能或景色特点的区域。在此基础上如果再借助于植物则能增加划分的效果和气势。利用地形划分空间应从功能、现状地形条件和造景几方面考虑，它不仅是分隔空间的手段，而且还能获得空间大小对比的艺术效果，如图1-3、图1-4。

图1-3　利用地形分隔空间(1)

图1-4　利用地形分隔空间(2)

2.2 地形的作用

地形在园林中的功能与作用主要表现在以下几个方面：

骨架作用

地形是构成园林景观的骨架，是园林中所有景观元素与设施的载体，它为园林中其他景观要素提供了赖以存在的基面，对各种造园要素的安排与设置有着较大的影响和限制。在园林设计中，要根据地形合理布置建筑、配置树木等；地形对水体的布置也有较大的影响，园林中可结合地形营造出瀑布、溪流、河湖等各种水体形式；地形对园林道路的选线也有重要影响，一般来说，在坡度较大的地形上，道路应沿着等高线布置。

影响旅游线路和速度

地形的变化可影响行人和车辆运动的方向、速度和节奏。在园林地形设计中，可用地形的高低变化、坡度的陡缓以及道路的宽窄、曲直变化等来影响和控制游人的游览线路及速度。在平坦的土地上，人们的步伐稳健、持续，不需要花费什么力气；而在变化的地形上，随着地面坡度的增加，或障碍物的出现，游览也就越来越困难。可在休息处营造观景点。因为上、下坡，人们就必须使出更多的力气，时间也就延长，中途的停顿休息也就逐渐增多，从而为其他景点的营造和观赏创造条件。对于步行者来说，在上、下坡时，其平衡性受到干扰，每走一步都必须格外小心，最终造成可能减少穿越斜坡的行动，从而影响了游人的赏景路线。

工程作用

地形可影响园林某一区域的光照、温度、湿度和风速等。从采光方面来说，朝南的坡面一年中大部分时间保持较温暖和宜人的状态。从风的角度而言，凸面地形、土丘或山脊等，可以阻挡刮向某一场所的冬季寒风。反过来，地形也可被用来收集和引导夏季风，用以改变局部小气候环境，形成局部的微风。

地形对地表排水也有着十分重要的意义。由于地表的径流量、径流方向和径流速度都与地形有关，因而地形过于平坦时就不利于排水，容易积涝。当地形坡度太陡时，径流量就比较大，径流速度也太快，从而引起地面冲刷和水土流失。因此，创造一定的地形起伏，合理安排地形的分水和汇水线，使地形具有较好的自然排水条件，是充分发挥地形排水工程作用的有效措施。

美学功能

地形可被当作布局和视觉要素来使用。在大多数情况下，土壤是一种可塑性物质，它能被塑造成具有各种特性、具有美学价值的悦目的实体和虚体。另外，地形有许多潜在的视觉特性，我们可将地形设计成柔和、自然、美观的形状，这样它便能轻易地捕捉视线，并使其穿越于景观。

3 地形的设计程序

3.1 园林地形设计的原则

园林地形和改造应全面贯彻"适用、经济、在可能条件下美观"的城市建设的总原则。园林地形的特殊性，还应贯彻下列原则：

①利用为主，改造为辅。
②因地制宜，顺其自然。
③节约。
④符合自然规律与艺术要求。

3.2 园林地形设计步骤

收集资料

地形及周边环境的资料　首先要了解该地区的政治、经济、文化背景，人们的生活品位及社会发展趋势等因素，对周围环境要做充分的调查、研究，了解周围现有的建筑物及以后还需修建的设施物体。一般由甲方提供地形图，如没有现成地形图，则在此基础上测绘园林用地的原地形图，摸清原地形与四周环境之间的相互关系，为地形改造设计做好准备。

　　原有建筑物、道路及植物种植资料　在设计过程中要考虑地面原有建筑物、道路、水体及植物种植情况，能利用的加以利用，影响景观可拆除的就可以不予考虑。对于那些既影响设计意图，又不能拆除的建筑物、构筑物及不能砍伐的古树名木，应通过地形改造加以利用，在不改动这些设施的前提下，通过改变设计思路，对其加以应用，从而达到一定的景观效果。对于那些影响景观的建筑物和构筑物则可以做艺术化处理，或通过遮隐来体现园林景观；对于原有的河流、道路尽量利用，确实不能利用的可做适当的改造，使其符合地形工程的总体需要。

　　水文、地质、气象资料　水文资料是指水质、地下水位高低等资料，它关系到地形改造设计中给植物创造适生环境条件的问题。而地质资料则是指表层地质及土壤的物理化学性质。气象资料主要指光照、降雨、温度、风等，这些都关系到地形设计的立面、平面布局及植物生长问题，对后期的绿化质量和建筑小品布局影响很大。如土质含碱量过大不利于花木生长，地下水位过低不利于某些乔木的生长，向阳地段要考虑夏季的遮阳设施处理等。地形设计可以根据人们的需要扬长避短，达到造景的目的。

　　地下管线资料　在地形改造设计过程中，特别要注意地下管线的处理，尤其在地形工程设计中显得极为重要。现代城市管线特别多，主要包括给水、排水、电力、电信、热力和燃气等。在地形改造过程中，要注意管线上层的覆土厚度及所受重力；上层地被植物的种植情况对管线均有不同程度的影响，同时热力、电力、污水、燃气管线上进行植物栽植，也不利于植物的生长；若燃气、给水管线上布置建筑，则不便于其保修，同时安全性也欠佳。所以，园林设计时要对管线进行综合考虑。

　　其他资料　在进行地形工程改造设计时，除了考虑上述要素外，还要注意其他因素的影响，如风向、方位等，同时对收集到的图面和文字资料进行现地核查，并做详细了解。另外，在设计过程中还要对一些具体情况进行实地勘测，对于一些特殊问题做特殊处理，并尽量多地搜集与设计有关的资料，了解当地施工力量，现场踏勘。

设计阶段

设计阶段的工作主要是图纸绘制等工作，具体有以下几方面：

①施工地区等高线设计图（或用标高点进行设计），图纸平面比例采用 1∶200 或 1∶500，设计等高差为 0.25～1m，图纸上要求标明各项工程平面位置的详细标高。并要表示出该地区的排水方向；

②土方工程施工图；

③园路、广场、堆山、挖湖等土方施工项目的施工断面图；

④土方量估算表；

⑤工程预算表；

⑥说明书。

3.3　地形分析

地形分析包括地面高程、坡度、特征、脊线（分水线）、谷线（汇水线）、洪水淹没线（50 年一遇和 100 年一遇）、制高点、冲沟、洼地位置等内容。

高程系统

我国各城市采用的高程主要有两种：

黄海高程系统　以青岛观潮站海平面作为零点的高程系统。

吴淞高程系统　以吴淞口观潮站海平面作为零点的高程系统。

等高线和坡度

等高线　测量地形图上表示地面高程相等的线，线上注有高程。

等高线平距（l）　地形图上两相邻等高线之间的垂直距离。

等高线高距(h) 相邻等高线间的高程差。一般地形图常用 0.5m、1.0m、2.0m、5m、10m 等。设计等高线高距常用 0.1m、0.2m、0.25m、0.5m 等。视地形坡度及图纸比例不同而选用，见表 1-1。

表 1-1 设计等高线高距选用   （m）

比例	坡度		
	<0.2%	2%～5%	>5%
1:2000	0.25	0.50	1.00
1:1000	0.10	0.20	0.50
1:500	0.10	0.10	0.20

3.4 地形竖向设计的原则

地形在竖向设计中的作用

围合、限制、分隔空间 根据挖土或堆土的范围、高度，可以制约空间的开敞或封闭程度、边缘及空间方向。

控制视野景观 可以有助于视线导向和限制视野，突出主要的景观，屏障陋物。

改善小气候环境 影响风向，有利通风、防风，改善日照，起隔离噪声的作用。

组织交通 引导和影响行走、行车的路线和速度。

美学作用 使景观更丰富生动，有立体感，反映自然，加强建筑艺术表现力。阴影造成的效果具有雕塑感。

满足各项用地的使用要求

建筑 室内地坪高于室外地坪。多雨地区宜采用较大值。高层建筑、土质较差或填土地段还应考虑建筑沉降。

道路 机动车道纵坡一般小于6%，困难时可达9%，山区城市局部路段坡度可达12%。但坡度超过4%，必须限制其坡长；坡度 5%～6% 时，坡长不超过 600m；坡度 6%～7% 时，坡长不超过 400m；坡度 7%～8% 时，坡长不超过 300 m；坡度 9% 时，坡长不超过150m。非机动车道纵坡一般控制在2%以内，困难时可达3%，但其坡长应限制在50m以内。人行道纵坡以不超过5%为宜，大于8%时行走费力，宜采用踏级。交叉口纵坡不超过2%，并保证主要交通平顺。

广场、停车场　广场坡度以大于0.3%、小于3%为宜，介于0.5%～1.5%最佳；儿童游戏场坡度以介于0.3%～2.5%为宜；停车场坡度以介于0.2%～0.5%为佳；运动场坡度介于0.2%～0.5%为宜。

草坪、休息绿地　坡度最小为0.3%，最大10%。

保证良好的排水坡度

①力求使设计地形和坡度适合污水、雨水的排水组织和坡度要求，避免出现凹地。

②道路纵坡不小于0.3%，地形条件限制难以达到时应做锯齿形街沟排水。

③建筑室内地坪标高应保证在沉降后仍高出室外地坪15～30cm。

④室外地坪纵坡不得小于0.3%，并且不得坡向建筑墙脚。

充分利用地形，减少土方工程量

①设计应尽量结合自然地形，减少土、石方工程量。

②填方、挖方一般应考虑就地平衡，缩短运输距离。

③附近有土源或余方有用处时，可不必过于强调填、挖方平衡，一般情况下土方宁多勿缺，多挖少填，石方则应少挖为宜。

考虑建筑群体空间景观设计的要求

①尽可能保留原有地形和植被；

②建筑标高的确定应考虑建筑群体高低起伏富有韵律感而不杂乱；

③必须重视空间的连续、鸟瞰、仰视及对景的景观效果；

④斜坡、台地、踏级、挡土墙等细部处理的形式、尺度、材

料应细致、亲切宜人。

便利施工，符合工程技术经济要求

①挖土地段宜作建筑基地，填方地段做绿地、广场、道路较合适。

②岩石、砾石地段应避免或减少挖方，垃圾、淤泥需挖除。

③人工平整场地，竖向设计应尽量结合地形，减少土方工程量，采用大型机械施工平整场地时，地形设计不宜起伏多变，以免施工不便。

④建筑和场地的标高要满足防洪的要求。

⑤地下水水位高的地段应少挖。

3.5 竖向设计方法

园林竖向设计所采用的方法主要有 3 种，即高程箭头法、纵横断面法和设计等高线法。

高程箭头法

高程箭头法又叫流水向分析法，主要在表示坡面方向和地面排水方向时使用。应用高程箭头法，能够快速判断设计地段的自然地貌与规划总平面地形的关系。它借助于水从高处流向低处的自然特性，在图上用细线小箭头表示人工改变地貌时大致的地形变化情况，表示对地面坡向的具体处理情况，并且比较直观地表明了不同地段、不同坡面地表水的排除方向，反映出对地面排水的组织情况。它还可根据等高线所指示的地面高程，大致判断和确定园路路口中心点的设计标高和园林建筑室内地坪的设计标高。

高程箭头法具有表达直观、理解容易、图纸简单、易于修改、设计工作量较小的优点，缺点是细节粗略，需要综合处理竖向关系的工作经验。高程箭头法较适于在园林竖向设计的初步方案阶段或作为复杂地貌的指导性方案使用。

纵横断面法

纵横断面竖向设计法多在地形复杂情况下需要作比较仔细的

设计时采用。

纵横断面法的优点是：对规划设计地点的自然地形有一个立体的形象概念，容易着手考虑对地形的整理和改造。缺点是设计过程较长，所花费的时间比较多。

采用纵横断面法的具体方法步骤如下所述。

①根据竖向设计所要求的精度和规划平面图的比例，在所设计区域的地形图上绘制方格网，方格的大小采用 10m×10m、20m×20m、30m×30m 等。设计精度要求高，方格网就小一些；反之则大一些。

②根据地形图中的自然等高线，用插入法求出方格网交叉点的自然标高。

③按照自然标高情况，确定地面的设计坡度和方格网每一交点的设计标高，并在每一方格交点上注明自然地形标高和设计标高。

④选定一标高作为绘制纵横断面的起点，此标高应低于规划平面图中所有的自然标高。然后，在方格网纵轴方向将设计标高和自然标高之差，用统一比例标明，并将它们用线连接起来形成纵断面。沿横轴方向绘制横断面图的方法与纵断面相同。

⑤根据纵横断面标高和设计图所示自然地形的起伏情况，将原地面标高和设计标高逐一比较，考虑地面排水组织与建筑组合因素，对土方量进行粗略的平衡。土方平衡中，若填、挖土方量过大，则要修改设计标高，改变设计坡度，按照上述方法重新绘制竖向设计图。

⑥另外用一张图纸，把最后确定的方格网交点设计标高和原有标高抄绘下来，标高标注方法采用分数式，设计标高写在分数线下方作为分母，原地面标高则写在分数线上方，作为分子。

⑦绘制出设计地面线，即求出原有地形标高和设计标高之差。若自然标高仍大于设计标高，则为挖方；若自然标高小于设计标高，则为填方。在绘制纵横断面的时候，一般习惯的画法是：纵断面中反映填土部分的，要画在纵轴的左边；反映挖方部

位的，要画在纵轴的右边；横断面中反映挖土部位的，画在横轴上方，反映填土部位的画在横轴下方。纵断面画出后，就可以反映出工程挖方或填方的情况。

设计等高线法

设计等高线法大多用在地形变化不是很复杂的丘陵、低山地区的园林竖向设计中。这种方法能够比较完整地将任何一个设计用地或一条道路与原来的自然地貌作比较，随时一目了然地判别出设计的地面或路面的挖填情况。

用设计等高线和原地形的自然等高线，可以在图上表示地形被改动的情况。绘图时设计等高线用实线绘制。在竖向设计图上，设计等高线低于自然等高线之处为挖方，高于自然等高线处为填方。

3.6　地形竖向设计的步骤

园林竖向设计是一项细致、烦琐的工作，设计和调整、修改的工作量都很大。但不管是用设计等高线法还是用纵横断面设计法等方法进行设计，一般都要经过下列设计步骤。

资料的收集

设计进行之前，要详细地收集各种设计技术资料，并且要进行分析、比较和研究，对全园地形现状及环境条件的特点要心中有数。需要收集的主要资料如下：

①园林用地及附近地区的地形图，比例1∶500或1∶1000，这是竖向设计最基本的设计资料，必须收集到，不能缺少。

②当地水文地质、气象、土壤、植物等的现状和历史资料。

③城市规划对该园林用地及附近地区的规划资料，市政建设及其地下管线资料。

④园林总体规划初步方案及规划依据的基础资料。

⑤所在地区的园林施工队伍状况和施工技术水平、劳动力素质与施工机械化程度。

资料的收集原则为：关键资料必须齐备，技术支持资料要尽量齐备，相关的参考资料越多越好。

现场踏勘与调研

在掌握上述资料的基础上，应亲临园林建设现场，进行认真的踏勘、调查，并对地形图等关键资料进行核实。如发现地形、地物现状与地形图上有不吻合处或有变动处，要弄清楚变动原因，进行补测或现场记录，以修正和补充地形图的不足之处。对保留利用的地形、水体、建筑、文物古迹等要加以注意，要特别记载下来；对现有的大树或古树名木的具体位置，必须重点标明；还要查明地形现状中地面水的汇集规律和集中排放方向、位置，城市给水干管接入园林的接口位置等情况。

设计图纸

竖向设计应是总体规划的组成部分，需要与总体规划同时进行。在中小型园林工程中，竖向设计一般可以结合在总平面图中表达。但是，如果园林地形比较复杂，或者园林工程规模比较大时，在总平面图上就不易清楚地把总体规划内容和竖向设计内容同时表达得很清楚，因此要单独绘制园林竖向设计图。

根据竖向设计方法的不同，竖向设计图的表达也有高程箭头法、纵横断面法和设计等高线法等三种方法。下面按高程箭头法和设计等高线法相结合进行竖向设计的情况来介绍图纸的表达方法和步骤：

①在设计总平面底图上，用红线绘出自然地形；

②在进行地形改造的地方，用设计等高线对地形作重新设计，设计等高线可暂时以绿色线条绘出；

③标注园林内各处场地的控制性标高和主要园林建筑的坐标、室内地坪标高以及室外整平标高；

④注明园路的纵坡坡度、边坡点距离和园路交叉口中心的坐标及标高；

⑤注明排水明渠的沟底面起点和转折点的标高、坡度和明渠

的高宽比；

⑥用排水箭头，标出地面排水方向；

⑦进行土方工程量计算，根据算出的挖方量和填方量进行平衡，如不能平衡，则调整部分地方的标高，使土方总量基本达到平衡；

⑧将以上设计结果汇总，另用图纸绘制出竖向设计图。

3.7   土方的平衡与调配

土方的平衡与调配是指在计算出土方的施工标高、填方区和挖方区的面积及其土方量的基础上，划分出土方调配区，计算各调配区的土方量、土方的平均运距，确定土方的最优调配方案，给出土方调配图。

土方平衡调配工作是地形工程设计（或土方规划设计）的一项重要内容，其目的在于在使土方运输量或土方成本为最低的条件下，确定填方区和挖方区土方的调配方向和数量，从而达到缩短工期和提高经济效益的目的。

土方平衡与调配的原则

进行土方平衡调配时，必须考虑工程和现场情况，工程的进度要求和土方施工方法以及分期分批施工工程的土方堆放和调运问题，经过全面研究，确定平衡调配的原则之后，才能着手进行土方的平衡与调配工作，土方的平衡与调配的原则大致有如下几方面：

①与填方基本达到平衡，减少重复倒运；

②挖（填）方量与运距的乘积之和尽可能为最小，即总土方运输量或运输费用最小；

③分区调配与全场调配相协调，避免只顾局部平衡，而破坏全局平衡；

④好土用在回填密度较高的地区，避免出现质量问题；

⑤土方调配应与地下构筑物的施工相结合，有地下设施的填土，应留土后填；

⑥选择恰当的调配方向、运输路线、施工顺序，避免土方运

输出现对流和乱流现象，同时便于机具调配和机械化施工；

⑦取土或去土应尽量不占用园林绿地。

土方平衡与调配的方法

划分调配区 在平面图上划出挖方区和填方区的分界线，并在挖方区和填方区划分出若干调配区，确定调配区的大小和位置，划分时注意以下几点：

①划分应考虑开工及分期施工顺序；

②调配区大小应满足土方施工使用的主导机械的技术要求；

③调配区范围应和土方工程量计算使用的方格网相协调，一般可由若干个方格组成一个调配区；

④若土方运距较大或场地范围内土方调配不能达到平衡时，可考虑就近借土或弃土。

计算各调配区土方量 根据已知条件计算出各调配区的土方量，并标注在调配图上。

计算各调配区之间的平均运距 指挖方区土方重心与填方区土方重心的距离。一般情况下，可以用作图法近似地求出调配区的重心位置，并标注在图上，用比例尺量出每对调配区的平均运输距离。

确定土方最优调配方案 用"表上作业法"求解，使总土方运输量为最小值，即为最优调配方案。

绘出土方调配图 根据以上计算标出调配方向、土方数量及运距(平均运距再加上施工机械前进、倒退和转弯必需的最短长度)。

4 地形的类型

4.1 平地

外部环境中不存在绝对平坦的地形，所有的地面都有不同程度甚至是难以察觉的坡度，因此，这里的"平地"指的是那些总的看来是"水平"的地面，更为确切的描述是指园林地形中坡度小于

4%的较平坦用地,这种地形在新型园林中应用较多。

为了组织群众进行文体活动及游览风景,便于接纳和疏散群众,园林必须设置一定比例的平地,平地过少难于满足广大群众的活动要求。平地对于任何种类的密集活动都是适用的,园林中,平地适于建造建筑,铺设广场、停车场、道路,建设游乐场,建设苗圃,铺设草坪草地等。

园林中对平地应适当加以地形调整,一览无余的平地不加处理容易流于平淡。适当地对平地形挖低堆高,导致地形高低变化,或结合这些高地变化设计台阶、挡墙,并通过景墙、植物等景观元素对平地形进行分隔与遮挡,可以创造出不同层次的园林空间。

从地表径流的情况来看,平地径流速度慢,有利于保护地形环境,减少水土流失,但过于平坦的地形不利于排水,容易积涝,破坏土壤的稳定,对植物的生长、建筑和道路的基础都不利。因此,为了排除地面水,要求平地也具有一定的坡度。

4.2 坡地

坡地指倾斜的地面。园林中可以结合坡地形进行改造,使地面产生明显的起伏变化,增加园林艺术空间的生动性。坡地地表径流速度快,不会产生积水,但是如果地形起伏过大或坡度不大但同一坡度的坡面延伸过长,则容易产生滑坡现象,因此,地形起伏要适度,坡长应适中。坡地按照其倾斜度的大小可以分为缓坡、中坡和陡坡三种。

缓坡

坡度在4% ~ 10%之间,适宜于运动和非正规的活动,一般布置道路和建筑基本不受地形限制。缓坡地可以修建为活动场地、疏林草地、游憩草坪等,但不宜开辟面积较大的水体,如果要开辟大面积水体,可以采用不同标高水体叠落组合形成,以增加水面层次感。缓坡地植物种植不受地形约束。

中坡

坡度在 10% ~25% 之间，只有山地运动或自由游乐才能较多加以利用，在中坡地上爬上爬下显然很费劲。在这种地形中，建筑和道路的布置会受到限制。垂直于等高线的道路要做成梯道，建筑一般要顺着等高线布置并结合现状进行地形改造才能修建，并且占地面积不宜过大，如图 1-5 所示。对于水体布置而言，除溪流外不宜开辟河湖等较大面积的水体。中坡地植物种植基本不受限制。

陡坡

坡度在 25% ~50% 之间。陡坡的稳定性较差，容易导致滑坡甚至塌方，因此，在陡坡地段的地形改造一般要考虑加固措施，如建造护坡、挡墙等。陡坡上布置较大规模建筑会受到很大限制，并且土方工程量很大。如布置道路，一般要做成较陡的梯道；如果要通车，则要顺应地形起伏做成盘山道。陡坡地形更难设计较大面积水体，只能布置小型水池。陡坡地上土层较薄，水土流失严重，植物生根困难，因此种植树木较困难。如果要对陡坡进行绿化可以先对地形进行改造，改造成小块平整土地，或在岩石缝隙中种植树木，必要时可以对岩石打眼处理，留出种植穴并覆土种植。

4.3　山地

同坡地相比，山地的坡度更大，其坡度在 50% 以上。山地根据坡度大小又可分为急坡地和悬坡地两种。急坡地地面坡度为50% ，悬坡地是地面坡度在 100% 以上的坡地。由于山地特别是石山地的坡度较大，因此在园林地形中往往能表现出奇、险、雄等造景效果。山地上不宜布置较大建筑，只能通过地形改造点缀亭、廊等单体小建筑。

山地上道路布置也较困难，在急坡地上，车道只能曲折盘旋而上，浏览道需做成高而陡的爬山磴道，爬山磴道边必须设置攀登用扶手栏杆或扶手铁链。而在悬坡地上，布置车道则极为困难。

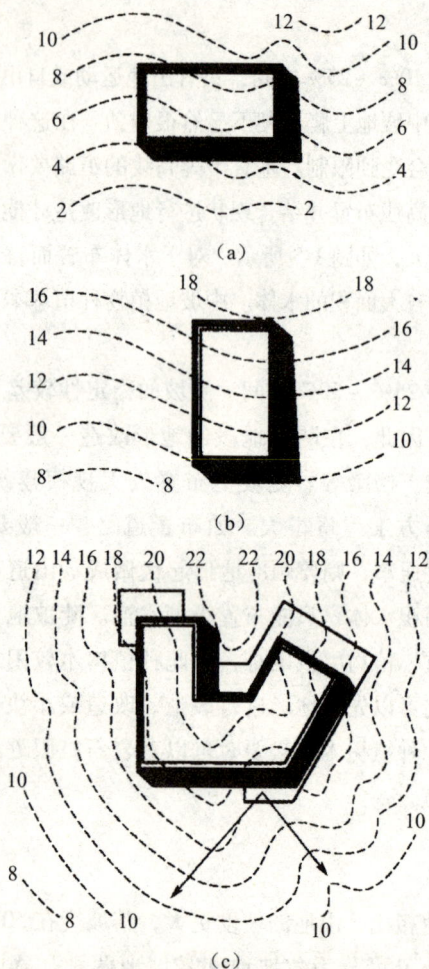

图1-5 建筑布置与等高线(单位：m)

（a）建筑平面平行于等高线，使挖填土方量为最小；

（b）建筑平面垂直于等高线，使挖填土方量为最大；

（c）U字形建筑平面适合于布置在山脊的末端

　　山地上一般不能布置较大水体，但可结合地形设置瀑布、叠水等小型水体。山地与石山地的植物生存条件比较差，适宜抗性好、生性强健的植物生长。但是，利用悬崖边、石壁上、石峰顶等险峻地点的石缝石穴，配植形态优美的青松、红枫等风景树，却可以得到非常诱人的犹如盆景树石般的艺术景致。

4.4　堆山

我国的园林是以风景为骨干的山水园而著称。有了山就有高低起伏的地势，能调节游人的视点，组织空间，造成仰视、平视、俯视的景观，能丰富园林建筑条件和园林植物的栽植条件，并增加游人的活动面积，丰富园林艺术内容。

堆山可以是独山，也可以是群山，一山有一山之形，群山有群山之势。在设计独山或群山时都应注意东西延长的山，要将较大的一面向阳，以利于栽植树木和安排主景，尤其是临水的一面应该是山的阳面。

4.5　理水

我国古典园林当中，山水是密不可分的，堆山必须顾及理水，有了山还只是静止的景物，有了水能使景物生动起来，能打破空间的闭锁，还能产生倒影。水景能调节气温，吸收灰尘，还可用于灌溉和消防，还能进行各种水上运动及养鱼种藕等。

水景按静动状态分

　　动水　即河流、溪涧、瀑布、喷泉、壁泉等。

　　静水　即水池、湖沼等。

水景按自然和规则程度分

　　自然式水景　即河流、湖泊、池沼、泉源、溪涧、涌泉、瀑布等。

　　规则式水景　即规则式水池、喷泉、壁泉等。

水景中还包括岛、水景附近的道路

　　岛可分山岛、平岛、池岛；水景附近的道路可分为沿水道路、越水道路(桥、堤)。

5　园林地形用土注意事项

5.1　土壤工程分类

在土方施工和预算中，按开挖难易程度，将土壤分为4类，见表1-2。

表1-2　土壤工程分类表

土类	土质名称	自然湿度下密度、（kg/m³）	外形特征	开挖方法
Ⅰ	1）沙质土 2）种植土	1650～1750	疏松，黏着力差或易透水，略有黏性	用锹或略加脚踩开挖
Ⅱ	1）壤土 2）淤泥 3）含土壤种植土	1750～1850	开挖时能成块并易打碎	用锹加脚踩开挖
Ⅲ	1）黏土 2）干燥黄土 3）干淤泥 4）含少量砾石黏土	1800～1950	粘手，看不见沙粒或干硬	用镐、三齿耙或锹加脚踩开挖
Ⅳ	1）坚硬黏土 2）砾质黏土 3）含卵石黏土	1900～2400	土壤结构坚硬，将土分裂后成块或含黏粒砾石较多	用镐、三齿耙等工具开挖

5.2　土壤性质

土壤含水量　土壤中的水分质量与土壤总质量之比，称为土壤含水量。

$$W = \frac{G_1 - G_2}{G_2} \times 100\% \tag{1-1}$$

式中：W——土壤含水量；

G_1——含水状态时土的质量；

G_2——烘干后土的质量。

土壤的渗透性 土壤允许水透过的性能，称为土壤的渗透性。土壤的渗透性与土壤的密实程度紧密相关。土壤中的空隙大，渗透系数就高。土壤渗透系数按下式计算。

$$K = \frac{V}{i} \qquad (1\text{-}2)$$

式中：V——渗透水流的速度，m/d；

　　　K——渗透系数，m/d；

　　　i——水力坡度。水力坡度 i 等于水位差除以渗流路线长度。当 $i = 1$ 时，$K = V$，即渗透水流速度与渗透系数相等。

土壤动水压力和流砂 水在土壤中渗透时所产生的压力，称为土壤动水压力，又称渗透力，按下式计算：

$$G_{\mathrm{D}} = i \times Y_{\mathrm{W}} \qquad (1\text{-}3)$$

式中：G_{D}——动水压力，kN/m^3；

　　　i——水力坡度；

　　　Y_{W}——水的容重，kN/m^3。

土壤颗粒随水一起流动的现象，称为流沙。流沙的形成原理：水流在水位差作用下与土壤颗粒产生向下的压力。当动水压力不小于土壤的浸水重量 Y' 时，即 $G_{\mathrm{D}} = Y'$，土壤颗粒失重，处于悬浮状态，便随水一起流动。

流沙对土方施工来说是有害的，增加了施工难度，需要采取一些防治措施。

合理选择施工期 对于流沙严重的地段，应尽量在枯水期施工。此时地下水位低，坑内外水位差小，动水压力小，不易产生流沙。

打钢板桩法 在喷泉、树穴等开挖施工中，如果出现流沙，可将钢板桩打入坑底一定深度，阻断地下水由坑外流入坑内的渗流路线，减小水力坡度，从而降低动水压力。

井点降水法 该法尤其适用于滨海盐碱地带。渗透井一方面减少流沙，另一方面还能对土壤中的盐分起到洗脱作用。

自然状态下的土壤经开挖后,其体积由于松散而增加的现象,称为土壤的最初可松性。土壤经回填压实后,仍不能恢复到原体积的现象,称为土壤的最终可松性。土壤的可松性用可松性系数(K)来表示。

$$K_1 = \frac{V_2}{V_1} \qquad (1\text{-}4)$$

$$K_2 = \frac{V_3}{V_1} \qquad (1\text{-}5)$$

式中:V_1——土在自然状态下的体积;

V_2——土壤挖出后的松散体积;

V_3——土壤经回填压实后的体积;

K_1——土壤的最初可松性;

K_2——土壤的最终可松性。

土壤种类不同,可松性系数不同。常见土壤的可松性系数见表1-3。

表1-3 常见土壤的可松性系数

土壤种类	K_1	K_2
沙土、轻亚黏土、种植土、淤泥土	1.08 ~ 1.17	1.01 ~ 1.03
亚黏土、潮湿黄土、沙土混碎(卵石)	1.14 ~ 1.28	1.02 ~ 1.05
填筑土 重亚黏土、干黄土、含碎(卵)石的亚黏土	1.24 ~ 1.30	1.04 ~ 1.07
重黏土、含碎(卵)石的黏土 粗卵石、密实黄土	1.25 ~ 1.32	1.06 ~ 1.09
中等密实的页岩、泥炭岩 白垩土、软石灰岩	1.30 ~ 1.45	1.10 ~ 1.20

6 园林土方工程施工机械

当场地和基坑面积及土方量较大时,为节约劳力,降低劳动强度,加快工程建设速度,一般多采用机械化开挖方式,并采用先进的作业方法。

机械开挖的常用机械有：推土机、铲运机、单斗挖掘机（包括正铲、反铲、拉铲、抓铲等）、多斗挖掘机、装载机等。土方压实机具有：压路碾、打夯机等。具体见表1-4。

表1-4　常用土方机械的选择

机械名称	适用范围	作业特点	辅助机械	优点
推土机	1) 推Ⅰ～Ⅳ类土 2) 找平表面，场地平整 3) 短距离移挖作填，回填基坑（槽）、管沟并压实 4) 开挖深度不大于1.5m的坑（槽） 5) 堆筑高1.5m内的路基、堤坝 6) 拖羊足碾 7) 配合挖土机从事集中土方、清理场地、修路开道等	1) 推平 2) 运距100m内的堆土（效率最高为60m） 3) 开挖浅基坑 4) 推送松散的硬土、岩石 5) 回填、压实 6) 配合铲运机助铲 7) 牵引 8) 下坡坡度最大35°，横坡最大为10°，几台同时作业，前后距离应大于8m	土方挖后运出需配备装土、运土设备。推挖Ⅲ～Ⅳ类土，应用松土机预先翻松	操作灵活，运转方便，需工作面小，可挖土、运土、易于转移，行驶速度快，应用广泛
铲运机	1) 开挖含水率27%的以下Ⅰ～Ⅳ类土 2) 大面积场地平整、压实 3) 运距800m内的挖运土方 4) 开挖大型基坑（槽）、管沟，填筑路基等。但不适于砾石层、冻土地带及沼泽地区使用	1) 大面积整平 2) 开挖大型基坑、沟渠 3) 运距800～1500m内的挖运土（效率最高为200～350m） 4) 填筑路基、堤坝 5) 回填压实土方 6) 坡度控制在20°以内	开挖坚土时需用推土机助铲，开挖Ⅲ、Ⅳ类土宜先用推土机械预先翻松20～40cm；自行式铲运机用轮胎行驶，适合长距离，但开挖也须用助铲	操作简单灵活，不受地形限制，不需特设道路，准备工作简单，能独立工作，不需其他机械配合能完成铲土、运土、卸土、填筑、压实等工序，行驶速度快，易于转移，需用劳力少，生产效率高

机械名称	适用范围	作业特点	辅助机械	优点
正铲挖掘机	1)开挖含水量不大于27%的Ⅰ~Ⅳ类土和经爆破后的岩石与冻土碎块 2)大型场地整平土方 3)工作面狭小且较深的大型管沟和基槽路堑 4)独立基坑 5)边坡开挖	1)开挖停机面以上土方 2)工作面应在1.5m以上 3)开挖高度超过挖土机挖掘高度时，可采取分层开挖 4)装车外运	土方外运应配备自卸汽车，工作面应有推土机配合平土、集中土方进行联合作业	装车轻便灵活，回转速度快，移位方便；能挖掘坚硬土层，易控制开挖尺寸，工作效率高
反铲挖掘机	1)开挖含水量大的Ⅰ~Ⅲ类的沙土或黏土 2)管沟和基槽 3)独立基坑 4)边坡开挖	1)开挖地面以下深度不大的土方 2)最大挖土深度4~6m，经济合理深度为1.5~3m 3)可装车和两边甩土、堆放 4)较大较深基坑可用多层接力挖土	土方外应配备自卸汽车，工作面应有推土机配合推到附近堆放	操作灵活，挖土卸土多在地面作业，不用开运输道
拉铲挖掘机	1)挖掘Ⅰ~Ⅲ类土，开挖较深较大的基坑(槽)、管沟 2)大量外借土方 3)填筑路基、堤坝 4)挖掘河床 5)不排水挖取水中泥土	1)开挖停机面以下土方 2)可装车和甩土 3)开挖截面误差较大 4)可将土甩在两边较远处堆放	土方外运需配备自卸汽车、推土机，创造施工条件	可挖深坑，挖掘半径及卸载半径大，操纵灵活性较差

（续）

机械名称	适用范围	作业特点	辅助机械	优点
抓铲挖掘机	1) 土质比较松软，施工面较狭窄的深基坑、基槽 2) 水中挖取土，清理河床 3) 桥基、桩孔挖土 4) 装卸散装材料	1) 开挖直井或沉井土方 2) 可装车或甩土 3) 排水不良也能开挖 4) 吊杆倾斜角度应在45°以上，距边坡应不小于2m	土方外运时，按运距配备自卸汽车	钢绳牵拉灵活性较差，工效不高，不能挖掘坚硬土；可以装在简易机械上工作，使用方便
装载机	1) 外运多余土方 2) 履带式改换挖斗时，可用于开挖 3) 装卸土方和散料 4) 松散土的表面剥离 5) 地面平整和场地清理等工作 6) 回填土 7) 拔除树根	1) 开挖停机面以上土方 2) 轮胎式只能装松散土方 3) 松散材料装车 4) 吊运重物，用于铺设管道	土方外运需配备自卸汽车，作业面需经常用推土机平整并推松土方	操作灵活，回转移位方便、快速；可装卸土方和散料，行驶速度快

7 | 园林地形工程施工流程

对地形的改造与设计最终需要土方工程施工才能得以实现。土方施工的速度与质量将会直接影响到后续的其他工程，因此必须重视土方施工。土方施工一般可分为 4 个阶段，即挖、运、填、压。

7.1 | 土方施工的准备工作

在土方施工前应对工程建设进行认真、周全的准备，合理组织和安排工程建设，否则容易造成窝工甚至返工，进而影响工效，带来不必要的浪费。施工准备工作应包括以下几个方面。

图纸与现场核对

　　研究和审查图纸　检查图纸和资料是否齐全，图纸是否有错误和矛盾；掌握设计内容及各项技术要求，熟悉土层地质、水文勘察资料，进行图纸会审，搞清建设场地范围与周围地下设施管线的关系。

　　勘查施工现场　摸清工程现场情况，收集施工相关资料，如施工现场的地形、地貌、地质、水文气象、运输道路、植被、邻近建筑物、地下设施、管线、障碍物、防空洞、地面上施工范围内的障碍物和堆积物状况，供水、供电、通信情况，防洪排水系统等。

编制施工方案

　　在掌握了工程内容与现场情况之后，根据甲方需求的施工进度及施工质量进行可行性分析的研究，制定出符合本工程要求及特点的施工方案与措施。绘制施工总平面布置图和土方开挖图，对土方施工的人员、施工机具、施工进度及流程进行周全、细致地安排。

清理现场

　　在施工地范围内，凡是有碍于工程的开展或影响工程稳定的地面物和地下物均应予以清理，以便于后续的施工工作正常开展。

　　生物性废物　有碍挖方和填方的草皮、乔灌木及竹类应先行挖除，凡土方挖深不大于50cm或填方高度较小的土方施工，其施工现场及排水沟中的树木都必须连根拔除。伐除树木可用锯斧等工具进行。在锯大树时，为了控制树的倒向，应在指定倒向的一面先砍一缺口，然后从另一侧开始锯伐。伐除树木还可以用推土机将树推倒，清除树墩时可用拖拉机的牵引力或装在拖拉机上的起重绞车，通过钢丝绳将树墩拔出。

　　清除直径在50cm以上的大树墩或在冻土上清除树墩时，还可采用推土机铲除或用爆破法清除。在此需要说明的是，大树一般不允许砍伐，如遇到现场的古树名木时则更需要保护，必要时可与建设单位或设计单位共同考虑修正设计。

非生物性废物　在拆除建筑物与构筑物时，应根据其结构特点，按照一定次序进行，注意安全操作。

另外，如果施工场地内的地面、地下或水中发现有管线通过或其他异常物体时，应事先请有关部门协调查清。在未查清前不可动工，以免发生危险或造成其他损失。

做好排水设施

施工前应先排除场地积水，特别是在雨季，在有可能流来地表水的方向上都应设堤或截水沟、排洪沟。在地下水位高的地段和河地湖底挖方时，必须先开挖先锋沟，如图1-6所示，设置抽水井，选择排水方向，并在施工前几天将地下水抽干，或保证在施工面1.5cm以下。施工期间必须及时抽水。为了保证排水通畅，排水沟的纵坡不应小于0.2%，沟的边坡值为1:1.5，沟底宽及沟深不小于50cm。挖湖施工中的排水沟深度应深于水体挖深，沟可一次挖掘到底，也可以依施工情况分层下挖。

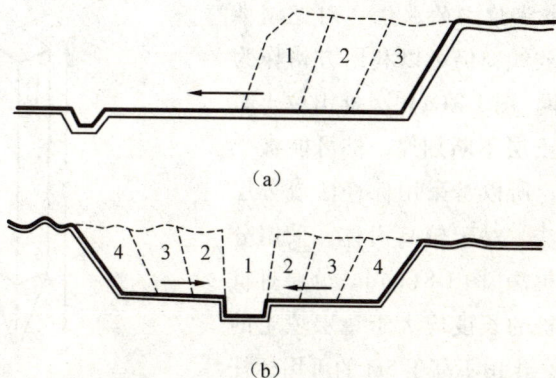

图1-6　施工场地的排水方法
(a)一边作业，边侧排水；(b)两边作业，中间排水
注：图中数字表示挖掘顺序

定点放线

清理现场后，为了确定填挖土标高及施工范围，应对施工现场进行放线打桩工作。土方施工类型不同，其打桩放线的方法也不同。

平整场地的放线 平整场地的工作是将原来高低不平、比较零乱的场地按设计要求整理成为平坦的具有一定坡度的场地，如停车场、集散广场、体育场等。对土方平整工程，一般采用方格网法施工放线。将方格网放样到地上，在每个方格网交点处立桩木，桩木上应标有桩号和施工标高，木桩一般选用 5cm × 5cm × 40cm 的木条，侧面须平滑，下端削尖，以便打入土中，桩上的桩号与施工图上方格网的编号相一致，施工标高中挖方注上"＋"号，填方注"－"号。施工木桩如图 1-7 所示。在确定施工标高时，由于实际地形可能与图纸有出入，因此如果所改造地形要求较高，放线时则需要用水准仪重新测量各点标高，以重新确定施工标高。

挖湖堆山的放线 对挖湖堆山的放线，仍可以利用方格作为控制网［图 1-8(a)］。堆山填土时由于土层不断加厚，桩可能被土埋没，所以常采用标杆法或分层打桩法，对于较高山体，采用分层打桩法［图 1-8(b)］。分层打桩时，桩的长度应大于每层填土的高度。土山不高于 5m 的可用标杆法，即用长竹竿做标杆，在桩上把每层标高定好［图 1-8(c)］。为了精确施工，可以用边坡样板来控制边坡坡度［图 1-8(d)］。

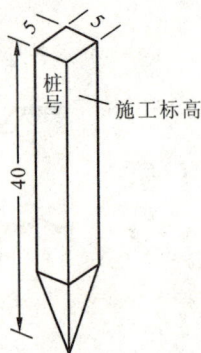

图 1-7 施工桩木(单位：cm)

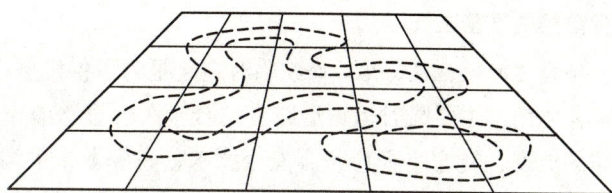

（a）

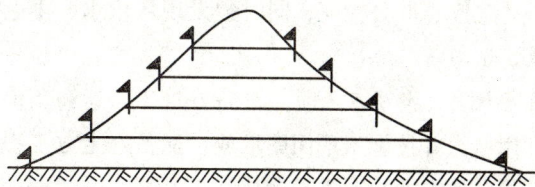

（b）

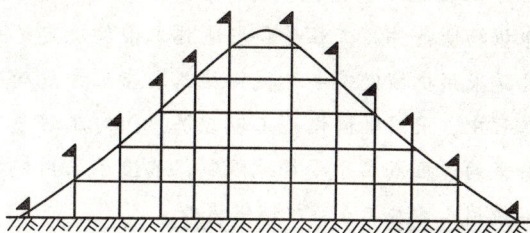

（c）

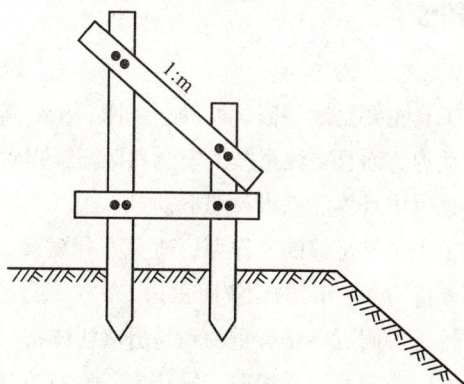

（d）

图1-8　定点放线

（a）方格网放线；（b）分层打桩；（c）标杆法；（d）边坡放样

33

工程前相关准备工作

　　修建临时设施及道路　修筑临时道路是为了供机械进场和土方运输之用，主要临时运输道路宜结合永久性道路的布置修筑。道路的坡度、转弯半径应符合安全要求，两侧做排水沟。此外，还要安排修建临时性生产和生活设施，如工具库、材料库、临时工棚、休息室、办公棚等，同时敷设现场供水、供电等管线并进行试水、试电等。

　　准备机具、物资及人员　准备好挖土、运输车辆及施工用料和工程用料，并按施工平面图堆放，配备好土方工程施工所需的管理人员、各专业技术人员和技术工人等。

　　土方工程施工包括挖、运、填、压四部分内容。其施工方法可根据场地条件、工程量和当地施工条件决定是采用人力施工，还是采用机械化或半机械化施工。在土方规模较大、较集中的工程中，采用机械化施工较经济，但对工程量不大、施工点较分散的工程或由于受场地限制，不便于采用机械施工的地段，应该用人力施工或半机械化施工。

7.2　土方的挖掘

人力施工

　　施工工具主要是锹、镐、板锄、条锄、钢钎等。人力施工应组织好劳动力，而且要注意施工安全和保证工程质量。

　　施工过程中具体注意事项如下：

　　①施工人员有足够的工作面，避免互相碰撞，发生危险，一般平均每人应有 $4\sim6m^2$ 的作业面积；

　　②开挖土方附近不得有重物和易坍落物体；

　　③随时注意观察土质情况，操作要符合挖方边坡要求，垂直下挖时超过规定深度时，必须设支撑板支撑；

　　④土壁下不得向里挖土，以免坍塌；

　　⑤在坡上或坡顶施工者，不得随意向坡下滚落重物；

⑥按设计要求施工，施工过程中注意保护基桩、龙门板或标高桩；

⑦遵守其他施工操作规范和安全技术要求。

机械施工

土方施工中推土机应用较广泛，用推土机挖湖堆山，效率很高，具体注意事项如下。

①推土机手应识图或了解施工对象的情况，如施工地段的原地形情况和设计地形特点，最好结合模型，以便于一目了然。另外施工前还要了解实地定点放线情况，如桩位、施工标高等，这样施工时司机心中有数，能得心应手地按设计意图去塑造设计地形。这对提高工效有很大帮助，在修饰地形时便可节省许多人力物力。

②注意保护表层土地。在挖湖堆山时，先用推土机将施工地段的表层熟土(耕作层)推到施工场地外围，待地形整理停当，再把表土铺回来。这对园林植物的生长有利，包括人力施工地段有条件的应当这样做。

③为避免木桩受到破坏并有效指引推土机手，木桩应加高或作醒目标志，放线也要明显。同时施工人员经常到现场校核桩点和放线，防止挖错(或堆错)位置。

7.3 | 土方的运输

按土方调配方案组织劳力、机械和运输路线，卸土地点要明确，应有专人指挥，以免乱堆乱卸。

7.4 | 土方的填筑

填土应满足工程的质量要求，土壤质量需要根据填方用途来选择，土方调配方案不能满足实际需要时应进行重新调整。

①大面积填方应分层填筑，一般每层 30～50cm，并应层层压实。

②斜坡上填土，为避免新填土方滑落，应先将土坡挖成台阶状，然后再填土，有利于新旧土方的结合使填方稳定，如图1-9所示。

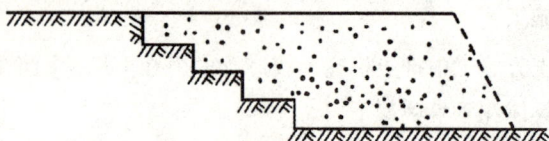

图1-9　斜坡先挖成台阶状，再行填土

③土山填筑时，土方的运输路线应以设计的山头及山脊走向为依据，并结合来土方向进行安排。一般以环形线为宜，车辆或人挑满载上山，土卸在路两侧，空载的车(人)沿路线继续前行下山，车(人)不走回头路不交叉穿行，如图1-10(a)所示，路线畅通，不会逆流相挤，随着不断地卸土，山势逐渐升高，运土路线也随之升高，这样既组织了车(人)流，又使山体分层上升，部分土方边卸边压实，有利于山体稳定，山体表面也较自然。如果土源有几个来向，运土路线可根据地形特点安排几个小环路，如图1-10(b)所示，小环路的布置安排应互不干扰。

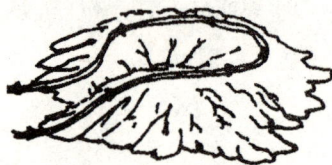

(a)

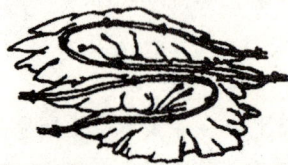

(b)

图1-10　堆山路线组织示意

7.5　土方的压实

土方的压实根据工程量的大小选择采用人工夯压或机械碾压。

人力夯压可用夯、碾等工具；机械碾压可用碾压机、振动碾或用拖拉机带动铁碾，小型夯压机械有蛙式夯、内燃夯等。

压实方法分为碾压、夯实和振动压实三种。对于大面积填方，多采用碾压方法压实；对于较小面积的填土工程则采用夯压机具进行夯实；振动压实方法主要用于压实非黏性填料如石碴、碎石类土、杂填土或亚黏土等。

填土的含水量对压实质量有直接影响。每种土壤都有其最佳含水量，见表1-5，土在这种含水量条件下，压实后可以得到最大容重效果。为了确保填土在压实过程中处于最佳含水量，当土过湿时，应予翻松晾干，也可掺不同类土或吸水性填料；当填土过干时，则应洒水湿润后再行压实。特别是作为建筑、广场道路、驳岸等基础对压实要求较高的填土场合，更应重视这个问题。

表1-5　各种土壤最佳含水量

土壤名称	最佳含水量(%)
粗沙	8 ~ 10
沙质黏土	6 ~ 22
细沙和黏质沙土	10 ~ 15
黏土质沙黏土和黏土	20 ~ 30
重沙土	30 ~ 35

在压实过程中，具体注意事项如下所述：

①压实必须分层进行，每层的厚度要根据压实机械、土的性质和含水量来决定；

②压实要注意均匀；

③松土不宜用重型碾压机械直接滚压，否则土层会有强烈起伏现象，效率不高，应先用轻碾压实，再用重碾压实，这样效果较好；

④压实应自边缘开始逐渐向中间收拢，否则边缘土方易外挤

引起坍落。

土方工程施工面较宽、工程量大、工期较长，施工组织很重要。大规模的工程应根据施工量、工期要求和条件决定，工程可全面铺开也可分期进行。施工现场要有专人指挥调度，各项工作要有专人负责，以保证工程按计划完成。

7.6　施工现场管理

施工现场管理就是运用科学的管理思想、管理组织、管理方法和管理手段，对施工现场的各种生产要素，如人（操作者、管理者）、机（设备）、料（原材料）、法（工艺、检测）、环境、资金、能源、信息等，进行合理的配置和优化组合，通过计划、组织、控制、协调、激励等管理职能，保证现场能按预定的目标，实现优质高效、低耗按期、安全文明地生产。

施工现场管理的任务和内容

施工现场管理的任务　施工现场管理的具体任务，可以归纳为以下几点：

① 全面完成生产计划规定的任务（含产量、产值、质量、工期、资金、成本、利润和安全等）；

② 按施工规律组织生产，优化生产要素的配置，实现高效率和高效益；

③ 搞好劳动组织和班组建设，不断提高施工现场人员的思想和技术素质；

④ 加强定额管理，降低物料和能源的消耗，减少生产储备和资金占用，不断降低生产成本；

⑤ 优化专业管理，建立和完善管理体系，有效地控制施工现场的投入和产出；

⑥ 加强施工现场的标准化管理，使人流、物流高效有序；

⑦ 整治施工现场环境，改变"脏、乱、差"的状况，注意保护施工环境，做到施工不扰民。

施工现场管理的内容　施工现场管理不仅包含组织管理工作，而且包括大量的企业管理的基础工作在现场的落实和贯彻，一般应包括以下的内容：

① 落实施工任务，签订内部承包合同；

② 做好开工前的各项准备工作，促成工程顺利开工；

③ 做好施工过程中经常性的准备工作；

④ 按计划组织综合施工，对施工的全过程进行全面控制和协调（计划、质量、成本、技术与安全、物质、劳动力等）；

⑤ 搞好场地管理，各种材料、设施堆放有序，道路畅通，施工环境整洁；

⑥ 利用施工任务书，进行基层的施工管理；

⑦ 组织工程交工验收。

施工员应具备的条件

建筑行业的职业道德　建筑产品消耗大量的财力、物力和人力，一经建成，很难随意推倒重建，工程的优劣，其随后的影响是长远的。所以，作为建筑行业的职工，一定要树立为社会主义现代化服务的道德观念，献身建筑事业，认真履行行业职责，工程建设做到优质、守信、用户满意。

行业的职业道德标准

① 坚持百年大计，质量第一。精心设计，精心施工，严把质量关，不合格的工程不交工。

② 信守合同，维护企业信誉。严格按合同要求组织设计和施工，不拖延期限，不留工程尾巴，做到工完场清。

③ 安全生产，文明施工。施工区域应用围墙与非施工区域隔离，防止施工污染施工区域以外的环境。施工围墙应完整严密，牢固美观。

施工现场应有科学的现场平面布置图，各种临时建筑和临时设施排列有序，材料堆码整齐，道路畅通整洁。运输车辆不带泥沙出场，并做到沿途不遗撒，施工垃圾应及时清运到指定消纳场所，严禁乱倒乱卸。

临街建筑工程，必须支搭牢固可靠的防护棚，确保人和物的安全。

④做好建筑施工现场的环境保护工作。不乱排污水，不乱倒施工垃圾，施工不扰民，夜间施工要严格控制时间和施工噪声，道路和管道开挖尽量不影响周围的交通。

⑤坚持良好的产后服务，主动定期回访返修。所有竣工工程都要按照保修条例回访保修，不推诿，不扯皮。

对施工员的要求

作为一个施工现场的管理人员，除了遵守上述的行业道德标准外，施工员根据自身的职责，还应做好以下几点：

①科学组织，周密安排。施工员应以高度的责任感，对工程建设的各个环节根据技术人员的交底，作出周密细致的安排。合理组织好劳动力，精心实施作业程序，使施工有条不紊地进行，防止盲目施工和窝工。

②按图施工，不谋非分。施工员应严格按图施工，规范作业。不使用无合格证的产品和未经抽样检验的产品，不偷工减料，不在钢材用量、混凝土配合比、结构尺寸等方面做手脚，谋取非法利益。

③安全生产，质量第一。以对人民生命安全和国家财产极端负责的态度，时刻不忘安全和质量，严格检查和监督，把好关口。不违章指挥，不玩忽职守，施工做到安全、优质、低耗，对已竣工的工程要主动回访保修，坚持良好的施工后服务，信守合同，维护企业的信誉。

④实事求是，准确签证。在施工的全过程中，施工员应以实事求是、认真负责的态度准确签证，不多签或少签工程量和材料数量，不虚报冒领，不拖拖拉拉，完工即签证，并做好资料的收集和整理归档工作。

⑤勤俭节约，精打细算。在施工过程中，时时处处要精打细算，降低能源和原材料的消耗，合理调度材料和劳动力，准确申报建筑材料的使用时间、型号、规格、数量，既保证供料及时，又不浪费材料。

⑥做好施工环境保护工作。做到施工不扰民，严格控制粉尘、施工垃圾和噪声对环境的污染，做到文明施工。

提高建筑行业职工队伍的素质，加强建筑行业职工道德建设，对于提高行业的质量和效益，树立行业新风，培养"有理想、有道德、有文化、有纪律"的建筑队伍，对建设社会主义精神文明具有重要意义。

施工员应具备的专业知识和工作能力

施工员应具备的专业知识 施工员应当掌握建筑施工技术、施工组织与管理知识，熟悉建筑水电知识、建筑材料、经营管理知识、法律知识、工程项目管理基本知识，了解工程建设监理和其他相关知识。具体而言应包括以下几个方面：

①掌握一般建筑结构的基本构造、建筑力学和简单施工计算方法；

②掌握常用的建筑测量、建筑制图原理和方法；

③掌握一般工业与民用建筑施工的标准、规范和施工技术；

④掌握一定的施工组织和科学的管理方法；

⑤掌握地基处理、基础施工的一般原理和方法；

⑥掌握常用建筑材料(包括水泥、钢材、木材、沙石等)的性能和质量标准；

⑦了解一般房屋中水、暖、电、卫设备和设施的基本知识；

⑧了解一定的建筑机械知识和电工知识；

⑨掌握一定的质量管理知识；

⑩掌握一定的经济与经营管理知识，能编制施工预算，能进行工程统计和现场经济活动分析。

施工员应具备的工作能力 作为一个施工员，除应具备岗位必备专业的知识外，还应具有一定的施工实践经验。只有具备了实践经验，才能处理各种可能遇到的实际问题。施工员应具备以下实际工作能力。

①有一定的组织、管理能力。能有效地组织、指挥人力、物力和财力进行科学施工，取得最佳的经济效益。能编制施工预算、进行工程统计、劳务管理、现场经济活动分析。

②有一定的协调能力。能根据工程的需要，协调各工种、人员、上下级之间的关系，正确处理施工现场的各种社会关系，保证施工能按计划高效、有序地进行。

③有较丰富的施工经验。对施工中的稳定性问题(包括缆风设置、脚手架架设、吊点设计等)具有鉴别的能力，对安全质量事故能进行初步的分析。

④能比较熟练地承担施工现场的测量、图纸会审和向工人交底的工作。能在不同地质条件下正确确定土方开挖、回填夯实、降水、排水等措施。

⑤能正确地按照国家施工规范进行施工。施工中能掌握施工计划的关键线路，保证施工进度。

⑥能根据施工要求，合理选用和管理建筑机具，具有一定的电工知识，能管理施工用电。

⑦能运用质量管理方法指导施工，控制施工质量。

施工员的主要任务

施工员在施工全过程中的主要任务是：根据工程的要求，结合现场施工条件，把参与施工的人员、施工机具和建筑材料、构配件等，科学地、有序地协调组织起来，并使他们在时间和空间上取得最佳的组合，取得较好的效益。

施工员在施工全过程中的主要任务具体在以下几个方面。

施工准备工作　这里指的是施工现场的作业准备工作，它贯穿于工程开工前和各道施工工序的整个施工过程中，具体见表1-6。

表1-6　施工准备工作

准备工作	要求
技术准备工作	1)熟悉施工图纸、有关技术规范和施工工艺标准，了解设计要求及细部、节点做法，弄清有关技术资料对工程质量的要求，以便向工人进行技术交底，指导和检查各施工项目的施工 2)熟悉施工组织设计及有关技术经济文件对施工顺序、施工方法、技术措施、施工进度及现场施工总平面布置的要求；弄清完成施工任务的薄弱环节和关键线路，研究节约材料、降低成本、提高劳动生产率的途径 3)熟悉有关合同、经济核算资料，弄清人、财、物在施工中的需求、消耗情况，了解并制定施工预算与现场工资分配制度
现场准备	1)对现场"三通一平"(水电供应、交通道路及通信线路畅通，完成场地平整)进行验收 2)完成并检验现场抄平，测量放线工作 3)组织现场临时设施施工，并根据工程进展需要逐步交付使用 4)选定并组织施工机具进场、试运转和交付使用 5)按照施工进度安排、现场总平面布置及安全文明生产的要求，合理组织材料、构配件陆续进场，并按现场平面布置图堆放在预先规划好的位置上 6)全面规划，统一布置好现场施工的消防安全设施
组织准备	1)根据施工组织设计和施工进度计划安排，分期分批组织劳动力进场，并按照不同施工对象和不同工种选定合理的劳动力组织形式及工种配备比例 2)确定工种工序间的搭接次序、交叉的时间和工程部位 3)合理组织分段、平行、流水、交叉作业 4)全面安排好施工现场一、二线，前、后台，施工生产和辅助作业之间的协调配合

进行施工交底 施工交底的具体内容见表1-7。

表1-7 施工交底的具体内容

施工任务交底	除按计划任务书要求向工人班组普遍进行施工任务交底外，还应重点交清任务大小、工期要求、关键进度线、交叉配合要求等，强调完成任务中的时间观念、全局观念
施工技术措施和操作方法交底	交清施工任务特点，有关技术规范、操作规程和工艺标准的要求，有关重要施工部位、细部、节点的做法及施工组织设计选定的施工方法和技术措施
施工定额和经济分配方式的交底	在交底中应明确使用何种定额，根据工程量计算出的劳动工日、机械台班、物资消耗数量、经济分配和奖罚制度等
文明、安全施工交底	根据施工任务和施工条件、特点，在交底中提出对施工安全和文明施工的要求及有关防护措施，明确施工操作中应重点注意的部位和有关事项，对常见多发事故的安全措施要反复强调，责任到人

对新工艺、新材料、新结构，要针对工程的不同特点和不同施工人员的操作水平制订施工方案，进行专门交底。

在施工中实行有目标的组织协调控制 这是基层施工技术员（工长）的一项关键性工作。做好施工准备，向施工人员交代清楚施工任务要求和施工方法，只是为完成施工任务，实现建筑施工整体目标创造了一个良好的施工条件。尤其重要的是要在施工全过程中按照施工组织设计和有关技术、经济文件的要求，围绕着质量、工期、成本等既定施工目标，在每个阶段、每一工序、每张施工任务书中积极组织平衡，严格协调控制，使施工中人、财、物和各种关系能够保持最好的结合，确保工程顺利进行。一般应主要抓好以下几个环节：

① 检查班组作业前的准备工作。

② 检查外部供应条件及专业施工等协作配合单位，能否按计划进度履行合同。

③ 检查工人班组能否按交底要求进入施工现场，掌握施工方

法和操作要点；能否按规定时间和质量、安全文明要求完成施工任务。发现问题，应采取补救措施。

④ 对关键部位组织人员加强检查，预防事故的发生。凡属关键部位施工的操作人员应具有相应的技术水平。

⑤ 随时纠正现场施工中的违章违纪、违反操作规程及现场施工规定的行为。

⑥ 严格质量自检、互检、交接检制度，及时完成工程隐检、预检。

⑦ 如遇设计修改或施工条件变化，应组织有关人员修改补充原有施工方案，并随时进行补充交底，同时办理工程增量或减量记录，并办理相应的手续。

做好技术资料和交工验收资料的积累收集工作　在施工过程中，工长应及时积累和记录施工技术资料，包括：

① 施工日志。内容有每日施工任务进展情况，工人调动使用情况，物资供应情况，操作中的经验教训，质量、进度、安全、文明施工情况等。

② 设计修改变更。

③ 混凝土、砂浆试块试验结果。

④ 隐蔽工程记录。

⑤ 施工质量检查情况等。

施工员的职责

施工员的职责是由其承担的任务决定的。在工程施工阶段，施工员代表施工单位与业主、分包单位联系、协商问题，协调施工现场的施工、设计、材料供应、工程预算等各方面的工作。施工员对项目经理负责。

施工员的工程职责　施工员在项目经理的领导下，对主管的栋号(工号)的生产、技术、管理等负有全部责任。

① 认真贯彻并执行项目经理对栋号下达的季、月度生产计划，负责完成计划所定的各项指标。

②　在确保完成项目经理下达生产计划指标前提下，合理组织人力、物力，安排好班组的生产计划，并向班组进行工期、质量、安全、技术、经济效益交底，做到参与施工成员人人心中有数。

③　抓好抓细施工准备工作，为班组创造好的施工条件，搞好与分包单位协调配合，避免等工、窝工。

④　在工程开工前认真学习施工图纸、技术规范、工艺标准，进行图纸审查，对设计图存在问题提出改进性意见和建议。

⑤　参与施工组织设计及分项施工方案的讨论编制工作，随时提供较好的施工方法和施工经验。

⑥　认真贯彻项目施工组织设计所规定的各项施工要求和组织实现施工平面布置规划。

⑦　组织砂浆混凝土开盘鉴定工作，填报配合比申请和混凝土浇灌申请。及时通知试验工按规定做好试块。

⑧　对于重要部位拆模必须做好申请手续，经技术和质检部门批准后方可拆模。

⑨　根据施工部位、进度，组织并参与施工过程中的预检、隐检、分项工程检查。督促抓好班组的自检、互检、交接检等工作。及时解决施工中出现的问题，把质量问题消灭在施工过程中。

⑩　坚持上班前、下班后对施工现场进行巡视检查。对危险部位做跟踪检查，参加小组每日班前安全检查，制止违章操作，并做到不违章指挥，发现问题及时解决。

⑪　坚持填写栋号施工日志，将施工的进展情况，发生的技术、质量、安全消防等问题的处理结果逐一记录下来，做到一日一记、一事一记，不得间断。

⑫　认真积累和汇集有关技术资料，包括技术经济洽商，隐预检资料，各项交底资料以及其他各项经济技术资料。

⑬　认真做好施工任务书下达，对施工班组所负责的施工单项任务完成后，严格组织任务书考核验收。

⑭　严格执行限额领料，对不执行限额领料小组不予结算任务书。

⑮ 认真做好场容管理，要经常检查、督促各生产班组做好文明生产，做到活完脚下清。

⑯ 认真贯彻技术节约措施计划，并做到落实到班组和个人。确保各项技术节约措施指标的落实。

施工员的岗位职责

① 在项目经理的直接领导下，贯彻安全第一、预防为主的方针，按规定搞好安全防范措施，把安全工作落到实处，做到净效益必须讲安全，抓生产首先必须抓安全。

② 认真阅读施工图纸，编制各项施工组织设计方案和施工安全、质量、技术方案，编制各单项工程进度计划及人力、物力计划和机具、用具、设备计划。

③ 组织职工按期开会学习，合理安排、科学引导、顺利完成本工程的各项施工任务。

④ 协同项目经理，认真履行《建设工程施工合同》条款，保证施工顺利进行，维护企业的信誉和经济利益。

⑤ 编制文明工地实施方案，根据本工程施工现场合理规划布局现场平面图，创建文明工地。

⑥ 编制工程总进度计划表和月进度计划表及各施工班组的月进度计划表。

⑦ 搞好分项总承包的成本核算（按单项和分部分项单独及时核算），并将核算结果及时通知承包部的管理人员，以便及时改进施工计划及方案，争创更高效益。

⑧ 向各班组下达施工任务书及材料限额领料单，配合项目经理工作。

施工员的安全职责

① 学习贯彻国家关于安全生产的规程、法令，认真执行上级有关安全技术、安全生产的各项规定。对自己负责的工号，或施工区域职工安全健康负责。

② 认真贯彻执行本工程的各项安全技术措施，在每项工程施

工前向班组进行有针对性的书面安全交底和口头交底,对本工程搭设的架子,垂直运输设备、临时用电设施等有关设施的安全防护措施,使用前要组织有关人员验收,把安全工作贯彻到每个环节。

③ 认真执行本企业制定的安全生产奖惩制度,对严格遵守安全规章、避免事故者,提出奖励意见;对违章蛮干,造成事故者,提出惩罚意见。

④ 经常对工人进行安全生产教育,组织工人学习操作规程,及时传达安全生产有关文件,推广安全生产经验,做好安全记录,内容包括:安全教育、安全交底、安全检查等安全活动情况的,隐患立项消项记录,奖惩记录,未遂和已遂工伤事故的等级和处理结果等。

⑤ 组织本工地的安全员、机械员和班组长定期检查安全,每日巡视施工作业面,及时消除隐患或采取紧急防护措施,制止违章指挥。严格执行有关特殊工种持证上岗制度。

⑥ 监督检查职工正确使用个人劳动保护用品。

⑦ 发生工伤事故时,及时组织抢救,保护现场并立即上报。配合上级查明发生事故的原因,提出防范重复事故的措施。

施工员的质量职责

① 学习贯彻国家关于质量生产的法规、规定,认真执行上级有关工程质量和本企业质量管理的各项规定。对自己负责的工号,或施工工程质量负责。

② 制定并认真贯彻执行保证本工程质量的技术措施。使用符合标准的建筑材料和构配件;认真保养、维修施工用的机具、设备。

③ 认真执行本企业制定的质量管理奖惩制度,对严格遵守操作规程施工者,提出奖励意见;对违章蛮干,造成质量事故者,提出惩罚意见。

④ 经常对工人进行工程质量教育,组织工人学习操作规程,及时传达保证工程质量的有关文件,推广质量保证管理经验;领导本人管辖范围的班组开展质量日活动;检查班组长每日上班前

的质量讲话；加强工程施工质量专业检查并做好记录，内容包括：质量教育、自检、互检和交接检记录，质量隐患立项消项记录、奖惩记录，未遂和已遂质量事故的等级和处理结果等。

⑤ 组织本工地的质量员和班组长等有关人员认真执行自检、互检和交接检制度，每日巡视施工作业面，及时消除质量隐患或采取紧急措施。

⑥ 创造良好的施工操作条件，加强成品保护。

⑦ 发生质量事故后，应保护现场并立即上报。配合上级查明发生事故原因，提出防范重复事故的措施。

施工员的权利和义务

施工员的权利　根据施工员的职责和任务，施工员应具备以下权力：

① 在分部分项、单位工程施工中，在行政管理上（如对劳动人员组合、人员调动、规章制度等）有权处理和决定，发现问题，应及时请示和报告有关部门。

② 根据施工要求，对劳动力、施工机具和材料等，有权合理使用和调配。

③ 对上级已批准的施工组织设计，施工方案和技术安全措施等文件，要求施工班组认真贯彻执行。未经有关人员同意，不得随意变动。

④ 对不服从领导和指挥，违反劳动纪律和违反操作规程人员，经多次说服教育不改者，有权停止其工作，并作出严肃处理。

⑤ 发现不按施工程序施工，不能保证工程质量和安全生产的现象，有权加以制止，并提出改进意见和措施。

⑥ 督促检查施工班组做好考勤日报，检查验收施工班组的施工任务书，发现问题进行处理。

施工员的义务

① 对上级下达的各项经济技术指标，应积极主动地组织施工人员完成任务。

② 努力学习和认真贯彻建筑施工方针政策和有关部门规定，学习好国家和建设部等有关部门的技术标准、施工规范、操作规程和先进单位的施工经验，不断提高施工技术和施工管理水平。

③ 牢固树立"百年大计，质量第一"的思想，以为用户服务和对国家，对人民负责的态度，坚持工程回访和质量回访制度，虚心听取用户的意见和建议。

④ 信守合同、协议，做到文明施工，保证工期，信誉第一，不留尾巴，工完场清。

⑤ 主动积极做好施工班组的政治思想工作，关心职工生活。

⑥ 正确树立经济效益和社会效益、环境效益统一的观点。

现场施工准备

现场施工准备的任务　现场施工准备工作的基本任务就是为了工程顺利开工和连续施工创造必要的技术、物质条件，组织施工力量，并进行相应的各种准备。具体任务包括的几项见表1-8。

表1-8　现场施工准备的任务

项　目	具体任务
办理开工手续	任何一项工程施工，都要办理各种批准手续，涉及国家计划、城市规划、地方行政、交通、消防、公用事业和环境保护等有关部门。因此，施工准备阶段要派出得力人员到有关单位办好各种开工必备的手续，取得各方的支持，才能顺利开工
熟悉设计要求，掌握工程的重点和难点	施工准备阶段要熟悉图纸和相关的技术资料，了解设计意图，审核工程设计中存在的问题，并详细了解基础、结构、设备安装和装修中的重点和难点，制订相应的措施，为工程按时、保质、高效完成做好各种准备
施工条件的调查与创造	工程施工条件复杂多变，其中包括社会条件、投资条件、经济条件、技术条件、自然条件、现场条件和资源条件等，在开工之前，要对施工条件进行广泛周密的调查，分析对施工有利和不利的因素，积极创造计划、技术、物资、资金、人员、组织、场地等方面的必备条件，以满足工程顺利开工和连续施工的需要

（续）

项　目	具体任务
合理部署和使用施工力量	为了确保施工全过程必备的人力资源，在开工前要根据工程的规模和特点选择分包单位，合理调配劳动力，完善劳动组织，并按施工要求对进场人员进行事前的对口培训
预测施工中可能出现的风险，做好应变对策	由于工程施工周期长，影响施工的因素复杂多变，施工随时可能遇到各种意外的风险，因此，为了确保工程顺利施工，在施工准备阶段，要对可能出现的各种风险进行预测，并制订必要的措施和对策，防止或减少风险损失，提高施工中的应变和动态控制能力

现场施工准备工作的主要内容

组织和思想准备　组织准备主要是根据工程任务的目标要求、工程规模、工程特点、施工地点、技术要求和施工条件等，结合企业的具体情况，由企业经理任命项目经理，由项目经理组建项目经理部，与企业签订工程的内部承包合同，明确管理目标和经济责任。

技术准备　技术准备也称内业准备，主要包括内容见表 1-9。

表 1-9　技术准备工作内容

项　目	具体任务
熟悉、审核图纸和有关资料	此项工作主要审核图纸有无错、漏的地方，有无不明确的地方，做好记录以便与设计单位洽商
进行现场调查	现场调查的目的是收集现场的各种资料，为编制面向现场的施工组织设计提供真实的资料，调查的内容包括自然条件、技术经济条件的情况，要特别注意调查施工现场周围环境、现有单位对施工的制约
编制施工组织设计	施工组织设计是指导工程项目，进行施工准备和组织施工的重要文件，是工程项目施工组织管理的首要条件。施工组织总设计一般由主持工程的总包单位为主编制；单位工程施工组织设计一般由施工现场管理班子或施工项目经理部编制；分部（分项）施工方案用以指导分项工程施工，它是以施工难度较大或技术较复杂的分项工程为对象编制的，一般由施工队编制和实施

（续）

项　目	具体任务
编制施工预算	施工预算是编制施工作业计划的依据，是施工项目经理部向班组签发任务单和限额领料的依据，是包工、包料的依据，是实行按劳分配的依据，还是施工项目经理部开展施工成本控制，进行施工图预算和施工预算对比的依据。它一般由施工项目经理部编制

施工现场准备　施工现场准备也称外业工作，具体内容见表1-10。

表1-10　外业工作内容

项　目	具体任务
施工现场测量	按照建筑总面积图和已有的永久性、经纬坐标控制网和水准控制基桩进行施工区域的施工测量，设置该地区的永久性经纬坐标桩、水准基桩和工程测量控制网，用其进行建筑物的定位放线
"三通一平"准备	所谓"三通一平"是指施工区域内的道路、水、电通畅和施工场地平整，施工准备阶段应按要求完成，以保证工程的顺利进行
大型临时设施的准备	为了使施工顺利地进行，施工现场必须修建现场施工人员的办公、生活和公用的房屋和构筑物，施工用的仓库、混凝土搅拌站、木工场、钢筋加工场、预制场等临时建筑，上述建筑要在施工准备期间按施工总平面图给定的位置建造起来
物资准备	现场物资准备主要包括：建筑材料和建筑构件的定货、储存和堆放；配置落实生产设备的定货和进场；提供建筑材料的实验申请计划，安装、调试施工机械等
其他准备工作	对有冬季、雨季施工的项目要落实临时设施和技术措施的准备工作，同时按照施工组织设计的要求，建立消防、保安等组织机构并落实相关措施

施工队伍的准备

① 根据工程项目的规模和特点，选择施工队伍，并随工程的进展分期、分批进场，做好进场人员的培训，进行安全教育，对特殊工种要按计划进行专门培训，合格后方可上岗。施工项目开工前，要向参加施工的全体人员进行动员和交底，落实各项责任制度。

② 现场施工准备工作千头万绪，因此，必须制定周密的工作计划，落实责任者和必须完成的工期，当各项准备工作已就绪，应按既定程序向有关单位提出开工报告，经审核批准后，才能组织开工。

现场施工过程的管理

现场施工过程的管理是根据施工计划和施工组织设计对拟建的工程项目在施工过程中的进度、质量、安全、节约等进行指导、协调和控制，以达到不断提高施工过程的经济效益的目的。

施工过程管理的实施

施工任务书的贯彻　施工任务书是下达施工任务、组织指导施工、实行计划、定额管理、对工人考核、支付工资和奖励的具体文件。任务单一般以半个月至一个月为一个工期，根据任务的大小，可按小组签发，也可以向专业队签发，任务单的下发和回收要及时，回收后，要抓紧时间进行结算、分析、总结，并作为原始记录妥善保管。

施工任务单的式样见表 1-11。

表 1-11　施工任务单

单位工程名称：××建筑工程公司估工任务书　　　　编号：

生产小组：　　　　　　　年月日　　　　要求完工日期：

序号	工程项目	计量单位	计划任务			实际完成			质量评定	附注
			工程量	估工定额	工日	工程量	估工定额	工日		①估工与计时项目不得混合签发 ②生产用工与非生产用工项目不得混合签发 ③单位工程不同，不能混合在一起
1										
2										
3										
	合计									
工作范围	质量要求			安全生产要求		估工工日				
						实耗工日				
						完成%				
						定额员				

负责人：　　　　　　　签发人：　　　　　　考勤员：

按施工计划组织综合施工 通过施工任务书将施工计划下达到班组，按照预定的计划，科学组织施工队伍，配备相应的材料和机具，在不同的地点和部位，协调地进行综合施工。其间要健全单位工程责任制和班组定包责任制，强调管理要为一线服务，加强和提高班组自身管理能力。

施工过程中的检查与监督

施工过程中的检查与监督的内容

①作业检查监督和质量检查监督。

②对安全生产和节约的检查监督。

施工过程中的检查与监督的方法

①专业检查与群众检查相结合，要充分发挥操作人员的主观能动性。

②认真执行关键项目隐蔽工程检查验收制度，日常应坚持班组自检、互检、交接检等制度。

③常检查与经常检查相结合。

④召开业务交流会和有关协作单位的碰头会，调查、分析施工过程中出现的问题，并及时提出处理意见。

施工调度与施工平面图的管理

施工调度

①施工调度在指挥生产、确保计划完成的过程中发挥重要作用，它重点保持人力、物力特别是后勤供应的持续和平衡，是组织施工中各个环节、专业、工种协调动作的中心。

②施工调度必须高度集中统一，全面掌握施工过程中质量、安全、成本的第一手资料，协调各种关系，处理各种矛盾，促进人力、物力的平衡，以保证施工任务的顺利完成。

施工平面图管理

①在工程施工的不同阶段，都应有相应的施工平面图，以便规范工程施工、办公区域、材料堆放区域、现场加工区域的各自正常运作，避免相互干扰，影响工程的顺利进行。

②现场的道路应坚持畅通，大宗材料、设备、车辆等进场时间要作妥善安排，避免拥挤而堵塞交通。任何单位不能随意占用施工现场用地，凡涉及改变现场布置图的各项活动，都必须事先申请，经批准后方可实施。

工程质量验收工作

质量验收的准备　质量验收的准备工作见表1-12。

表1-12　质量验收的准备工作

质量验收依据	1) 上级主管部门批准的计划任务书和有关文件
	2) 建设单位和施工单位签订的工程合同
	3) 设计图纸、文件和设备技术说明书
	4) 图纸会审记录、设计变更和技术核定单
	5) 国家现行的施工技术验收规范
	6) 建筑安装工程统计规定
	7) 有关施工记录和构件、材料等合格证明文件
	8) 引进新技术或成套设备项目，还应按合同和国外设计文件验收
质量验收标准	1) 工程项目根据合同的规定和设计图纸的要求已全部施工完毕，达到国家规定的质量标准，能满足使用要求
	2) 建筑物周围应按规定进行平整清理
	3) 技术档案、资料要齐全
	4) 竣工决算要完成
质量验收资料内容	1) 竣工图及工程项目一览表 该表的内容包括：竣工工程名称、位置、结构、层次、面积或规格、附设备、装置等清单
	2) 施工图、合同等设计文件
	3) 各种验收报告： ① 开竣工报告 ② 竣工验收证明 ③ 中间交工验收签证 ④ 隐蔽工程验收签证等
	4) 地基及测量文件： ① 地基与地质钻探资料、土方处理方案、土壤灰土试验记录

（续）

	② 测量成果资料(包括工程定位测量图、永久性或半永久性水准点坐标位置、标高测量记录及沉降和变形观测记录等)
	5)检验试验报告及质量报告:
	① 进场材料、制成品、半成品、设备合格证及说明书、质量检验记录和试验报告
	② 土建施工的试验记录
	③ 各种管线、设备安装工程的施工检验和试验记录、自控仪器的调整记录、试车试运转记录
	④ 分部分项工程、单位工程质量验收记录
	6)有关施工记录:
	① 地基处理记录
	② 工程质量事故处理记录
	③ 预制构件吊装记录
	④ 新技术、新工艺及特殊施工项目的有关记录
	⑤ 预应力施工记录及构件荷重试验记录等
	7)工程结算资料及有关签证、文件
	8)施工单位和设计单位提供的有关建(构)筑物及设备的使用注意事项文件
	9)其他有关该工程的技术决定等

质量验收程序和方法

检验批及分项工程质量验收　检验批及分项工程应由监理工程师(建设单位项目技术负责人)组织施工单位项目专业质量(技术)负责人等进行验收,具体见表1-13。

表1-13　检验批及分项工程质量验收

检验批合格质量标准	① 主控项目和一般项目的质量经抽样检验合格
	② 具有完整的施工操作依据、质量检查记录
分项工程质量验收合格标准	① 分项工程所含的检验批均应符合合格质量的规定
	② 分项工程所含的检验批的质量验收记录应完整
	③ 检验批质量验收记录见表1-2,分项工程质量验收记录见表1-3

（续）

检验批、分项工程达不到要求的处理	① 经返工重做或更换器具、设备的检验批，应重新进行验收
	② 经有资质的检测单位检测鉴定能够达到设计要求的检验批，应予以验收
	③ 经有资质的检测单位检测达不到设计要求，但经原设计单位核算认可能够满足结构安全和使用功能的检验批，可予以验收
	④ 经返修或加固处理的分项工程，虽然改变外形尺寸但仍能满足安全使用要求，可按技术处理方案和协商文件进行验收

分项工程质量验收记录见表 1-14。

表 1-14 　　　　　分项工程质量验收记录

工程名称		结构类型		检验批数	
施工单位		项目经理		项目技术负责人	
分包单位		分包单位负责人		分包项目经理	
序号	检验批部位、区段	施工单位检查评定结果	监理(建设)单位验收结论		
1					
2					
3					
4					
5					
检查结论	项目专业 技术负责人： 　　年　月　日		验收结论	监理工程师： 　　(建设单位项目专业技术负责人) 　　年　月　日	

分部工程质量验收　分部工程应由总监理工程师(建设单位项目负责人)组织施工单位项目负责人和技术、质量负责人等进行验收；地基与基础、主体结构分部工程的勘察、设计单位工程项目负责人和施工单位技术、质量部门负责人也应参加相关分部工程验收。

分部工程质量验收具体内容见表 1-15。

表1-15　分部工程质量验收

分部(子分部)工程质量验收合格标准	① 分部(子分部)工程所含分项工程的质量均应验收合格 ② 质量控制资料应完整 ③ 地基与基础、主体结构和设备安装等分部工程有关安全及功能的检验和抽样检测结果应符合有关规定 ④ 观感质量验收应符合要求 分部(子分部)工程验收记录见表1-16
分部工程达不到要求的处理	① 经返工重做或更换器具、设备的检验批，应重新进行验收 ② 经有资质的检测单位检测鉴定能够达到设计要求的检验批，应予以验收 ③ 经有资质的检测单位检测达不到设计要求，但经原设计单位核算认可能够满足结构安全和使用功能的检验批，可予以验收 ④ 经返修或加固处理的分项工程虽然改变外形尺寸但仍能满足安全使用要求，可按技术处理方案和协商文件进行验收 ⑤ 通过返修或加固处理仍不能满足安全使用要求的分部工程严禁验收

表1-16　_____分部(子分部)工程验收记录

工程名称		结构类型		层数	
施工单位		技术部门负责人		质量部门负责人	
分包单位		分包单位负责人		分包技术负责人	

序号	分项工程名称	检验批数	施工单位检查评定结果	验收意见
1				
2				
3				
质量控制资料				
安全和功能检验(检测)报告				

（续）

观感质量验收			
验收单位	分包单位	项目经理　年　　月　　日	
	施工单位	项目经理　年　　月　　日	
	勘察单位	项目负责人　年　　月　　日	
	设计单位	项目负责人　年　　月　　日	
	监理（建设）单位	总监理工程师： （建设单位项目专业技术负责人） 年　　月　　日	

单位工程质量验收　单位工程完工后，施工单位应自行组织有关人员进行检查评定，并向建设单位提交工程验收报告。

建设单位收到工程验收报告后，应由建设单位（项目）负责人组织施工（含分包单位）、设计、监理等单位（项目）负责人进行单位（子单位）工程验收。

单位工程有分包单位施工时，分包单位对所承包的工程项目应按建筑工程施工质量验收统一标准规定的程序检查评定，总包单位应派人参加。分包工程完成后，应将工程有关资料交总包单位。

单位工程质量验收具体内容见表 1-17。

表 1-17　单位工程质量验收具体内容

质量标准	单位（子单位）工程质量验收合格应符合下列规定： ① 单位（子单位）工程所含分部（子分部）工程的质量均应验收合格 ② 质量控制资料应完整 ③ 单位（子单位）工程所含分部工程有关安全和功能的检测资料应完整 ④ 主要功能项目的抽查结果应符合相关专业质量验收规范的规定 ⑤ 观感质量验收应符合要求

（续）

验收记录	单位(子单位)工程质量竣工验收记录见表1-5，工程质量控制资料核查记录见表1-6。工程安全和功能检验资料核查及主要功能抽查记录见表1-7，工程观感质量检查记录见表1-8
单位工程达不到要求的处理	① 经返工重做或更换器具、设备的检验批，应重新进行验收 ② 经有资质的检测单位检测鉴定能够达到设计要求的检验批，应予以验收 ③ 经有资质的检测单位检测达不到设计要求，但经原设计单位核算认可能够满足结构安全和使用功能的检验批，可予以验收 ④ 经返修或加固处理的分项工程虽然改变外形尺寸但仍能满足安全使用要求，可按技术处理方案和协商文件进行验收
	⑤ 通过返修或加固处理后仍不能满足安全使用要求的单位工程严禁验收

当参加验收各方对工程质量验收意见不一致时，可请当地建设行政主管部门或工程质量监督机构协调处理。

单位工程质量验收合格后，建设单位应在规定时间内将工程竣工验收报告和有关文件，报建设行政管理部门备案。

工程交接

①各项工程符合质量标准，验收合格，即可全部移交建设单位使用。

②根据承包合同，结合设计变更，隐蔽工程记录及各项技术鉴定办理工程结算手续，移交全套技术经济资料。

③除注明在规定的保修期内，因工程质量原因造成的问题，负责保修外，双方的经济关系与法律责任，至此解除。

现场施工结束工作

施工项目结算 施工项目结算的具体内容见表1-18。

表1-18　施工项目结算的具体内容

施工项目 结算依据	① 承包单位与发包单位签订的工程承包合同中规定的工程造价、开 竣工日期、材料供应方式、工程价款结算方式 ② 施工进度计划 ③ 施工图预算 ④ 国家关于工程结算的有关规定
施工项目 结算方式	① 按月结算。即实行旬末或月中预支，月终结算，竣工后清算的办 法。跨年度施工的工程，在年终进行工程盘点，办理年度结算 ② 竣工后一次结算。建设项目或单项工程全部建筑安装工程建设期 在 12 个月以内，或者工程承包合同价值在 100 万元以下的，可以实 行工程价款每月月中预支，竣工后一次结算 ③ 分段结算。即当年开工，当年不能竣工的单项工程或单位工程按 照工程形象进度，划分不同阶段进行结算 ④ 结算双方约定并经开户建设银行同意的其他结算方式
工程价 款结算	① 承包单位办理工程价款结算时，应填写"工程价款结算帐单"（见 表1-19），经发包单位审查签证后，通过开户银行办理结算 ② 承包单位应根据施工图、施工组织设计和现行定额、费用标准、 价格信息等编制施工图预算或根据现有施工图修正概算或中标价格， 经发包单位同意，送开户银行审定后，作为结算工程价款的依据 ③ 承包单位预支工程款时，应根据工程进度填写"工程价款预支帐 单"（见表1-20），送发包单位和开户银行办理付款手续。预支的款 项应在月终和竣工结算时抵充应收的工程款 ④ 每月末，承包单位应根据当月实际完成的工程量以及施工图预算 所列的工程单价和取费标准，计算已完工程价值，编制"工程价款结 算帐单"和"已完工程月报表"（见表1-21），送交开户银行办理结算
材料往来 的结算	⑤ 不论工期长短，其结算价款一般不得超过承包合同价值的 95%。 结算双方可以在 5% 幅度内协商确认尾款比例，并在工程承包合同中 订明。尾款应专户存入开户银行，待工程竣工验收后清算。承包单位 已向发包单位出具履约保函或有其他保证的，可以不留工程尾款 ⑥ 承包单位收取备料款和工程款时，可以按规定采用汇兑、委托收 款、汇票、本票，支票等各种结算手段

（续）

材料往来的结算	① 由承包单位采购材料的，发包单位可在双方签订承包合同后，按年度工作量的一定比例向承包单位预付备料资金，并在一个月内付清 ② 按工程承包合同规定由承包单位包工包料的，发包单位将分配的材料指标划交承包单位，由承包单位购货付款，并收取备料款 ③ 按合同由发包单位供应材料时，其材料可按材料预算价格转给承包单位。材料价款在结算时，陆续抵扣。承包单位不收备料款 ④ 凡无工程承包合同或不具备施工条件的工程，发包单位不得预付，当承包单位收取备料款后两个月仍不开工或发包单位无故不按合同预付备料款的，开户银行可以根据双方工程承包合同的约定，分别从有关账户中收回或付出备料款

表1-19 工程价款结算帐单

建设单位名称： 年月日单位： 元

单项工程项目名称	合同预算		本期应收工程款	应抵扣款项					本期实收款	备料款余额	本期止已收工程价款累计	说明
	价值	其中：计划利润		合计	预支工程款	备料款	建设单位供给材料价款	各种往来款				
1	2	3	4	5	6	7	8	9	10	11	12	13

承包单位： （签单） 财务负责人： （签单）

说明：1. 本账单由承包单位在月终和竣工结算工程价款时填列，送建设单位和经办银行各 一份。

2. 第4栏"本期应收工程款"应根据已完工程月报数填列。

表1-20　工程价款预支账单

建设单位名称：　　　　　年月日单位：　　　元

单项工程项目名称	合同预算价值	本旬(或半月)完成数	本旬(或半月)预支工程款	本月预支工程款	应扣预收款项	实支款项	说明
1	2	3	4	5	6	7	8

施工企业：　　（签单）　财务负责人：(签单)

说明：本账单由承包单位在预支工程款时编制。送建设单位和经办银行各一份。

表1-21　已完工程月报

建设单位名称：　　　　　年月　　　　　单位：元

单项工程项目名称	施工图预算(或计划投资额)	建筑面积	开竣工日期		实际完成数		说明
			开工日期	竣工日期	至上月止已完工程累计	本月份已完工程	
1	2	3	4	5	6	7	8

施工企业：　　　　（签单）　　　　编制：　　　　年　月　日

说明：本表作为本月份结算工程价款的依据，送建设单位和经办银行各一份。

　　施工项目管理分析与总结　工程项目完工以后，施工现场管理班子必须对施工项目管理进行全面系统的技术评价和经济分析，以总结经验，吸取教训，不断提高施工技术和管理水平。

　　施工项目的分析包括全面分析和单项分析，全面分析的评价指标体系，如图1-11所示；施工项目单项分析的具体内容如图1-12所示。

全面分析指标
├─ 效果指标
│ ├─ 质量评定等级(合格、优良、市优、部优)
│ ├─ 实际工期与工期缩短(拖期)(与合同工期对比)
│ ├─ 利润
│ ├─ 产值利润率(利润与承包价格的比值)
│ └─ 劳动生产率(承包价格与实际耗用工日数的比值)
└─ 消耗指标
   ├─ 劳动消耗指标(单方用工、劳动效率、节约工日)
   ├─ 材料消耗指标(材料节约量、材料成本降低率)
   ├─ 机械消耗指标(机械利用率、施工机械成本降低率)
   └─ 成本指标(降低成本额、降低成本率)

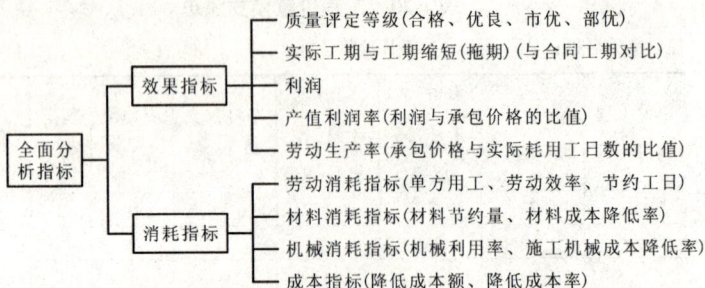

图1-11 施工项目全面分析指标体系

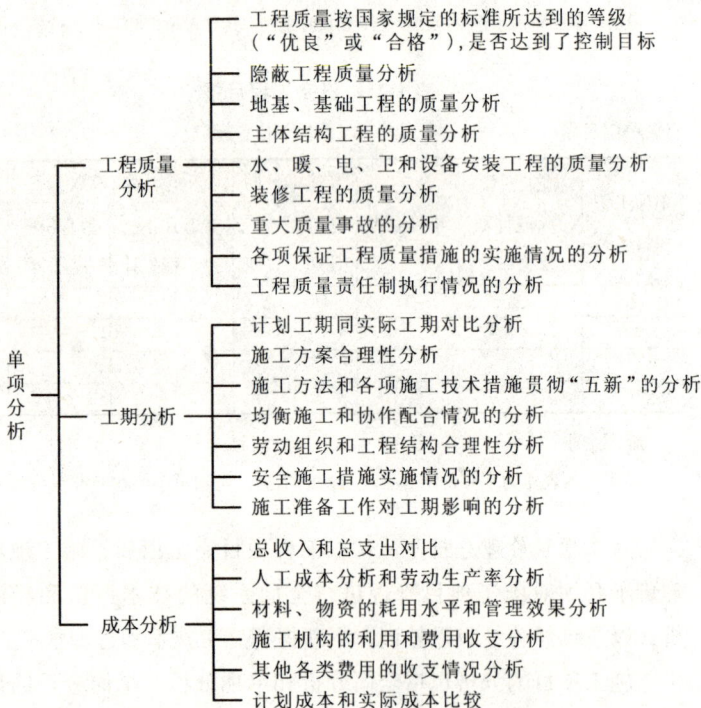

单项分析
├─ 工程质量分析
│ ├─ 工程质量按国家规定的标准所达到的等级("优良"或"合格"),是否达到了控制目标
│ ├─ 隐蔽工程质量分析
│ ├─ 地基、基础工程的质量分析
│ ├─ 主体结构工程的质量分析
│ ├─ 水、暖、电、卫和设备安装工程的质量分析
│ ├─ 装修工程的质量分析
│ ├─ 重大质量事故的分析
│ ├─ 各项保证工程质量措施的实施情况的分析
│ └─ 工程质量责任制执行情况的分析
├─ 工期分析
│ ├─ 计划工期同实际工期对比分析
│ ├─ 施工方案合理性分析
│ ├─ 施工方法和各项施工技术措施贯彻"五新"的分析
│ ├─ 均衡施工和协作配合情况的分析
│ ├─ 劳动组织和工程结构合理性分析
│ ├─ 安全施工措施实施情况的分析
│ └─ 施工准备工作对工期影响的分析
└─ 成本分析
   ├─ 总收入和总支出对比
   ├─ 人工成本分析和劳动生产率分析
   ├─ 材料、物资的耗用水平和管理效果分析
   ├─ 施工机构的利用和费用收支分析
   ├─ 其他各类费用的收支情况分析
   └─ 计划成本和实际成本比较

图1-12 施工项目单项分析内容

　　施工项目总结包括技术总结和经济总结两方面,通过总结对施工项目的运作做出恰如其分的结论,并找出经验教训,以便在其后的工程施工中,取得更佳的效果。

施工现场质量与技术管理　建筑工程质量的好坏，牵动着千家万户的心，提高工程质量是物质文明和精神文明建设的要求，也是企业生存与发展的要求，建筑企业必须坚持"质量第一"的方针，努力提高全体职工的质量意识，把技术和管理提高到一个新的水平，提高企业的社会效益和经济效益，促进国民经济的持续发展。

施工现场质量管理的内容　施工现场质量管理一般分为施工前的质量管理、施工过程中的质量管理以及工程竣工验收时的质量管理。

施工前的质量管理

施工前的质量管理也就是施工准备工作的质量控制，其主要内容有：

a. 对影响现场质量的因素进行控制(含施工队伍、机械、材料、施工方案及保证质量措施等)。

b. 建立施工现场质量保证体系，使现场质量目标和措施得到落实。

c. 审核开工报告书，准备工作完成后，经检查合格填写开工报告，经批准方可开工。

施工过程中的质量控制

施工过程中的质量控制是整个施工阶段现场施工控制的中心环节，必须制定切实可行的措施，落实到人，质量管理人员要重点抓好以下工作：

①施工操作质量检查，确保操作符合规程要求。

②工序质量交接检查，通过自检、互检、交接检查，一环扣一环，环环不放松，确保工程质量。

③隐蔽工程的检查。此项检查是防止质量隐患，避免质量事故的重要措施，必须办理质量隐检鉴证手续，隐检中发现的问题要及时认真处理，处理后经监理工程师复核认证后，方可进行下一道工序。

④加强工程施工预检，未经预检或预检不合格，均不得进行下道工序施工。

⑤成品保护的检查，对以完成的工程成品要采取保护、包裹、覆盖、局部封闭等措施，防止后续工序对成品的污染和破坏。

施工结束后的质量控制 施工结束后的质量控制主要包括以下内容：

①竣工预验收。这是工程顺利通过正式验收的有力措施。

②工程项目的正式验收。正式验收须提交的技术资料及相关程序按国家现行有关质量验收规范办理。工程项目验收后，应办理竣工验收签证书，见表1-22。

表1-22　竣工验收签证书

工程名称		工程地点		
工程范围	按合同要求定	建筑面积		
工程造价				
开工日期	年月日	竣工日期	年月日	
日历工作天		实际工作天		
验收情况				
建设单位验收人				
建设单位	公章 年月日	监理单位	公章 年月日	施工单位	工程项目负责人 公章 公司负责人 年　月　日

施工现场质量管理的方法

全面质量管理的基本工作方法——PDCA循环法 全面质量管理活动的全过程就是质量计划和组织实施的过程。美国质量管理专家戴明博士把这一过程划分为计划的 P、D、C、A 四个阶段，简称为 PDCA 循环法。即按计划——实施——检查——处理四个阶段周而复始地进行质量管理，四个阶段的基本工作内容见表 1-23。

表 1-23　PDCA 循环法四个阶段的基本工作内容

计划阶段（P）	计划阶段的主要工作就是确定质量管理方针、质量目标、以及实现该方针和目标的措施和行动计划
实施阶段（D）	此阶段按照预定计划、目标和措施及其分工，采取切实可行的步骤去执行，努力实现预期的要求
检查阶段（C）	认真检查执行情况和实施的结果，及时地将执行情况和实施的结果与拟定计划进行比较，找出成功的经验和失败的教训
处理阶段（A）	这一阶段包括两个具体的步骤： ① 总结经验，将有效的措施形成标准。通过修订、完善相应的工艺文件、工艺规程、作业标准和各种质量管理规章制度，将质量工作提高到一个新的水平 ② 提出尚未解决的问题。通过检查，对效果不明显或效果不符合设计要求的问题，以及没有得到解决的质量问题，归总列为遗留问题，在下一个循环中要作为重要问题加以解决

建立施工现场质量保证体系　图 1-13 为一个施工项目质量管理保证体系网络示意。在施工现场的各类人员要各司其职、自我把关、人尽其责，做到按图施工、按工艺操作、按制度办事，保证本岗位不将不合格的产品流向下一道工序。

建立质量监控点

①质量监控点是施工现场在一定时期和一定条件下，需要特别加强监控的部位和工序，这是质量管理的重点。

②通常考虑以下因素设置质量监控点：

◎关键工序和关键部位。

◎施工工艺本身有特殊要求或对下一道工序施工和安装有重大影响的分部分项工程项目。

◎易出安全事故的工序。

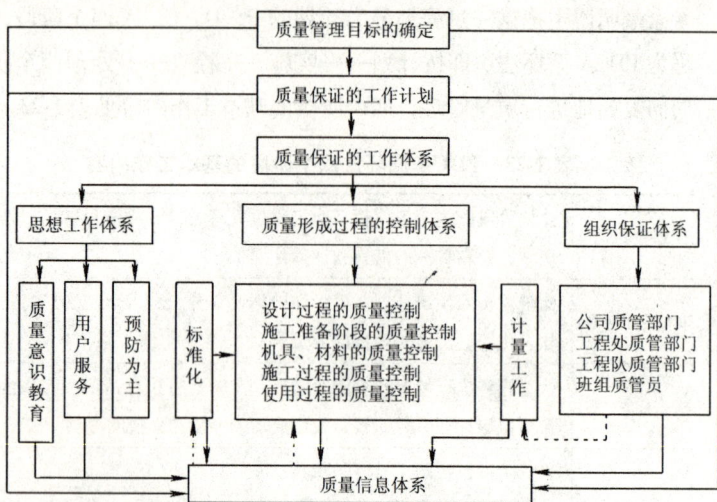

图1-13　施工项目质量管理保证体系图

◎质量不稳定、可能出现不合格产品较多的施工部位与分部
分项工程项目。

◎回访、保修中信息反馈回来的不良环节。

加强"三检制"　"三检制"是指操作人员"自检"、"互检"和
专职质量管理人员的"专检"相结合的检验制度，它是确保现场施
工质量的一种行之有效的方法。

> 自检　自检是操作人员对自己的施工工序或已完成分项工
> 程进行自我检验，及时消除质量不合格的异常因素，防止不合
> 格的产品流向下一道工序，起到自我监督作用。
>
> 互检　互检是操作人员之间对已完成的工序或分项工程进
> 行相互检验，起到相互监督的作用。
>
> 专检　专检是指专职质量检验员对分部分项工程进行检验。
> 在专检的管理中，还可以细分为专检、巡检和终检。

设置自检、互检是为了提高全员的质量意识，使质量标准深入人
心，将质量事故杜绝在萌芽状态中。专检是站在工程全局的高度，对
分部分项工程、上下工序的接交部的质量问题进行专控。

开展质量管理小组活动

①质量管理小组的建立和管理。质量管理小组有以下两种形式：

第一，在行政班组内设置，成员相对固定，一般以 10 人左右为宜。

第二，针对某项具体活动临时成立的跨部门、跨班组的质量管理小组，任务完成以后，自行解散。

②质量管理小组活动必须坚持按 PDCA 循环程序进行，要做到有课题、有分析、有图表、有对策、有实施、有总结、有成果。

③具体工序如图 1-14 所示。

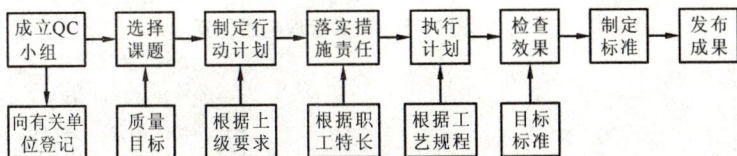

图 1-14　质量管理小组活动流程

施工现场施工技术管理

施工现场施工技术管理的组织、任务和内容　施工现场施工技术管理的组织、任务和内容见表 1-24。

表 1-24　施工现场施工技术管理的组织、任务和内容

技术管理的组织体系	我国建筑企业大多实行三级管理，故而形成以总工程师为首的三级技术管理组织体系，如图 1-15 所示
技术管理的任务	施工现场技术管理的基本任务如下： 1）保证施工过程符合技术规律要求，保证施工的正常秩序 2）努力使用新技术，不断提高工程项目的施工质量 3）合理使用人力、物力，完善劳动组织，降低消耗，不断提高劳动生产率，增加经济效益 4）不断推广使用新材料、新技术、新工艺，不断提高现场的施工技术水平
技术管理的内容	现场技术管理的工作内容如图 1-16 所示

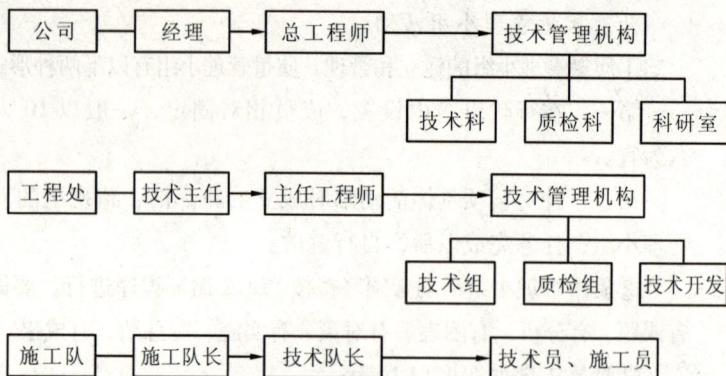

图 1-15　技术管理组织体系

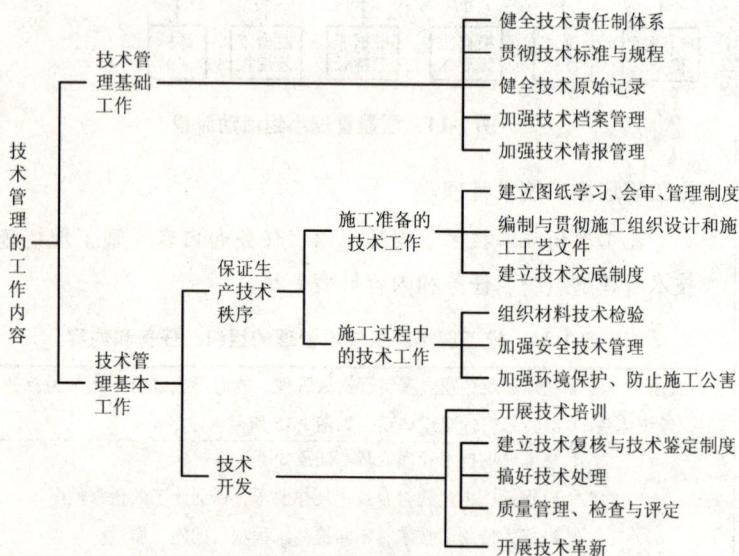

图 1-16　施工现场技术管理内容

技术管理制度

① 为了有效地开展施工现场技术管理工作，必须贯彻执行企业制度中有关技术管理的制度，与施工现场有关的技术管理制度有见表 1-25。

表1-25　与施工现场有关的技术管理制度

图纸会审制度	图纸会审的目的是熟悉图纸、领会设计意图、明确技术要求，从而保证施工顺利进行。会审中发现的问题，由设计单位负责解释或处理，经洽商后，用技术核定单的形式，确定修改或处理意见，此技术核定单可作为施工依据
技术交底制度	技术交底是指工程开工前，由各级技术负责人将有关部门工程施工的各项技术要求，逐级向下传达贯彻，直到班组第一线。其目的在于使参与工程项目施工的技术人员和工人熟悉工程特点、设计意图、施工措施等，施工员应重点对施工项目的操作要求、技术与质量标准、主要技术措施等对操作工人详细交底，做到心中有数，保证工程顺利施工
材料检验、试验制度	① 材料检验、试验的目的是保证进入施工现场的材料、构配件和设备的质量符合设计要求，把质量隐患消灭在施工之前，以确保工序质量和工程质量 ② 各种材料的检验、试验应严格按照有关部门的制度和现行标准进行
工程质量检查和验收制度	工程质量检查和验收必须严格按照国家现行的质量验收规范进行，以保证工程项目的施工质量符合设计要求。施工员应在自己的责任范围内做好自检和互检工作，配合质量检查专职人员做好专检工作
做好施工日志、技术档案收集与保管制度	施工员应每天全面如实地详尽记录当天的施工情况，内容包括工程的开、竣工日期及有关分部、分项工程部位的起止施工日期；技术资料的收发日期和更改记录；质量、安全、机械事故情况记载、分析和处理记录；现场有关施工过程的重要会议记录；气温、气候、停水、停电、安全事故、停工待料情况记录等

②技术档案的内容详见前述的质量验收资料的内容。施工员应对自己责任范围内的技术资料做好日常的收集和保管工作，以便工程竣工时交付验收。

施工现场的安全管理

《建设工程安全生产管理条例》于2003年11月12日经国务院第28次常务会议审议通过，2003年11月24日国务院总理温家宝签署国务院第 393 号令，自 2004 年 2 月 1 日起施行。此条例的公布与施行，对于加强建设工程安全生产监督管理，保障人民群众生命和财产安全具有十分重要的意义。贯彻和实施《建设工程安全生产管理条例》是确保施工安全的根本保证。

安全管理是管理者对安全生产进行的立法(法律、条例、规程)和建章立制，计划、组织、指挥协调和控制的一系列活动，是企业管理的一个重要部分。施工现场应重点做好以下工作。

安全生产责任制　各个岗位的安全生产责任见表 1-26。

表 1-26　各个岗位的安全生产责任

施工员的安全职责	安全生产责任制是企业各级领导、职能部门、工程技术人员、岗位操作人员在劳动生产过程中层层应负安全责任的一种制度。它是企业岗位责任制的一个重要组成部分，也是企业劳动保护管理的核心
	安全生产责任制是企业实现"安全第一，预防为主"方针的具体体现。它是企业实行安全工作综合治理、齐抓共管的依据，使安全工作层层有人负责，事事有人管理，实现"横向到边，纵向到底"的责任落实要求
	工长、施工员的职责是： 1)认真执行上级有关安全生产规定，对所管辖的班组的安全生产负直接领导责任 2)认真执行安全技术措施，针对生产任务特点，向班组进行详细安全交底，并对安全要求随时检查落实情况 3)随时检查施工现场内的各项防护设施、设备的完好和使用情况、发现问题及时处理，不违章指挥 4)组织领导班组学习安全操作规程，开展安全教育活动，指导并检查职工正确使用个人防护用品 5)发生工伤事故及未遂事故要保护现场，立即上报
班组长的安全职责	1)认真执行安全生产各项规章制度及安全操作要求，合理安排班组人员工作，对本班组人员在生产中的安全和健康负责 2)经常组织班组人员认真学习安全操作规程，监督班组人员正确使用个人防护用品，不断提高组员自保能力

（续）

班组长的安全职责	3）认真落实施工员的安全交底，作好班前讲话，班后小结，不违章指挥、冒险蛮干
	4）经常检查班组作业现场安全生产状况，发现问题及时解决并上报有关领导
	5）认真作好新工人的岗前教育
	6）发生工伤事故及未遂事故，保护现场并立即上报生产指挥者
操作工人的安全职责	1）认真学习、严格执行安全技术规程，模范遵守安全生产规章制度
	2）积极参加安全活动，认真执行安全交底，不违章作业，服从安全人员的监督指导
	3）发扬团结友爱精神，在安全生产方面做到互相帮助、互相监督，对新工人要积极传授安全生产知识，维护一切安全设施和护具，做到正确使用，不准随意拆改
	4）对不安全作业要积极提出意见，并有权拒绝违章指挥
	5）发生伤亡和未遂事故，保护现场并立即上报

安全生产教育

安全生产教育内容

①思想政治教育。思想政治教育通常从加强思想政治教育和劳动纪律教育两个方面进行。

②劳动保护方针政策教育。劳动保护方针政策教育主要是使参加施工的各级人员了解党和国家的安全生产方针及有关的劳动保护法规，使大家正确全面理解，认真贯彻执行，不断提高政策水平，确保安全生产的顺利进行。

③安全技术知识教育。安全技术知识教育包括一般生产技术知识教育、一般安全技术知识教育和专业安全技术知识教育。

④典型经验和事故教训教育。通过典型经验教育、典型案例的教育和剖析使安全教育说服力更强，教育更深刻，这是防止事故发生的有效方法。

⑤法制教育。通过国家有关劳动保护法制的教育，使施工人

员懂得，在安全防护上、操作和指挥上、在施工生产过程中，什么是不违法的，什么是违法的；什么是犯了重大责任事故罪的，什么是犯了玩忽职守罪，从而提高人们遵纪、守法、执法的自觉性。

安全生产教育方法

①三级教育。三级教育包括公司及施工队和班组三级安全教育。施工队教育是对新工人或调动工作的工人，被分配到施工队以后、未上岗以前所进行的安全教育。经安全考试，合格者分配到班组，不合格者补课。

②特种工种的专门教育。特种工种的专门教育是对特殊工种工人，进行专门的安全技术训练。经严格考试取得合格证以后，方可独立操作。

③经常性的安全教育。这种安全教育应贯彻到施工的全过程中，将事故苗头消灭在萌芽状态。

安全检查

安全生产检查的目的

①通过检查发现问题，查出隐患，采取有效措施，堵塞漏洞，把事故消灭在萌芽状态，坚持"安全第一，预防为主"的方针。

②通过检查互相学习，取长补短，交流经验，共同提高。

③通过检查，经常给忽视安全生产的思想敲起警钟，及时纠正违章指挥，违章作业的冒险行为。

安全检查的内容和方法　安全检查的内容和方法见表1-27。

表1-27　安全检查的内容和方法

企业定期安全大检查	施工现场比较分散的公司，每季组织一次安全大检查，工程处（公司）每月组织一次，施工队每半月组织一次
验收性的安全检查	对于施工现场新搭设的脚手架、井字架、门式架、塔吊等重要设施，在使用之前要经过详细安全检查，发现问题及时纠正，确认合格后进行验收签字，并由工长进行使用安全交底后，方准投入使用

（续）

专业性安全检查	根据施工进展情况和安全生产存在的带有普遍性的主要问题，可以组织机械安全检查组、电器安全检查组、锅炉安全检查组、架子工程安全检查组。还可以组织更细一些的安全检查，如：塔式起重机安全检查组；井字架、门式架安全检查组。对塔式起重机、垂直运输设备的设计、制造、安装、使用、管理、维护保养和安全装置等进行全面性、会诊性的检查试验，并可以作出继续使用、停止使用、降吨位使用等结论性意见
经常性安全检查	各级领导和专职安全人员以及工会劳动保护监察检查员等，应经常深入施工现场、生产车间、库房、对各种设施、安全装置、机电设备起重设备运行状况、施工工程周围民房、通行道路、高压线路等防护情况，"三宝、四口、五临边"的防护情况，以及干部有无违章指挥，工人有无违章作业行为等，进行随时随地的检查。发现问题，做出及时处置
班前班后安全检查	检查的重点是班组使用的架子、设备、手动工具、电动工具、安全带、安全帽等，发现问题及时修复或更换，确保作业安全

安全生产检查中应注意的问题

①检查要有领导、有计划、有重点的进行。安全检查除工地上安全员进行的经常性安全检查外，其他各种安全检查都必须有领导、有计划地进行。

建立安全检查组织机构。在安全检查中，牵扯的部门较多，检查的范围较大，要根据情况需要建立安全检查机构，深入现场进行检查。

要制定安全检查计划。安全检查计划的目的是了解情况、发现问题、解决问题、交流经验、互相学习，预防事故发生，促进安全生产。安全检查计划要明确检查的方式和方法，明确检查的目的和要求。

检查中要突出重点。安全检查的项目、内容都比较多，各个施工现场的情况各不相同，一定要把安全生产上现存的薄弱环节和关键问题，作为检查的重点。检查要防止不分轻重大小、险情和非险情同等对待的做法。

②检查要狠抓整改。安全检查是发现危险因素的手段，安全整改是采取措施消除危险因素，把事故和职业病消灭在事故发生之前，保证安全生产的有力措施。因此，不论何种类型的安全检查，都要防止搞形式、走过场，要讲究实效。对检查出来的问题必须做到条条有落实，件件有交待。在抓整改中要注意抓住以下3个环节：

对检查出来的问题分类排队，采取相应的处理办法，具体见表1-28。

表1-28　检查出来的问题分类

立即要整改的问题	凡是有发生重大伤亡事故危险的险患，应立即整改，由检查组签发停工指令书。被检查的工程或单位负责人接到停工整改通知书后应立即停工，讨论整改方案，全力解决人力、物力、财力，促使危险险患尽快解决。改完之后，立即通知检查单位前来复查，认为合格者批准复工
限期整改的问题	凡是危险隐患比较严重，不尽快解决就可能发生重大伤亡事故的，但由于各种客观条件和困难，如购置物资设备或组织人力加工等，不能立即解决，应限期整改好。由检查组签发限期整改通知书。被检查单位领导接到通知书后，立即研究整改方案落实项目、设备、材料、人力、执行者、监督者，保证按期完成。逾期不改者，下达停工整改通知书或给责任者以经济处罚
口头提出整改的问题	对于严重违章及一般隐患，不易造成重大事故者，将在检查组汇报检查问题时口头逐项提出，落实给责任者，限期整改完成

搞好检查整改工作的"三定"、"五不推"。"三定"是指对检查出来的问题要定措施、定时间、定负责人，落实整改。"五不准"是：

一不准：应由班组整改的不准推给施工员。

二不准：应由施工员负责整改的不准推给施工队。

三不准：应由队整改的不准推给工程处。

四不准：应由工程处、厂、站整改的不准推给公司。

五不准：应由公司(厂)解决的问题，不准推给总公司或工程局。

搞好整改复查工作。对于签发了期限整改通知书的危险隐患，检查单位必须组织力量逐项复查。凡改得好、改得快、改得彻底或有革新者，应及时给与表扬、奖励。凡不认真整改者，对其主要责任者给予批评、经济处罚，性质严重的签发停工令。

③检查要和评比、总结、奖罚结合起来。每一次安全检查都要有一个综合的评比意见。谁好、谁差要有标准，该表扬者要表扬，该批评者要批评，该奖的则奖，该罚的则罚。另外，在安全检查中，要注意总结、推广先进的安全经验，也要注意总结发生事故的教训。总结正反两方面的经验，找出规律，采取措施，防止事故发生，提高安全管理的水平。

施工现场的生产责任管理

管理人员安全生产责任

总工程师安全生产责任

①负责组织制定本单位安全技术规章制度并认真贯彻执行。

②定期主持召开有关部门会议，研究解决安全技术问题。

③在采用新技术、新工艺时，同时研究和采取防护措施；设计、制造新的生产设备，要有符合国家标准要求的安全卫生防护措施；新、改、扩建工程项目，认真执行"三同时"规定。

④重视新产品、新材料、新设备的使用、储存和运输，督促有关部门加强安全管理。

⑤主持或参与安全生产大检查，对重大隐患要审查，制定整改计划，组织有关部门实施。

⑥参加重大事故调查，并做出技术方面的鉴定。

项目经理安全生产责任

①对承包项目工程生产经营过程中的安全生产负全面领导责任。

②贯彻落实安全生产方针、政策、法规和各项规章制度，结合项目工程特点及施工全过程的情况，制定本项目工程各项安全生产管理办法，或提出要求，并监督其实施。

③在组织项目工程业务承包，聘用业务人员时，必须本着安全工作只能加强的原则，根据工程特点确定安全工作的管理体制和人员，并明确各业务承包人的安全责任和考核指标，支持、指导安全管理人员的工作。

④健全和完善用工管理手续，录用外包队必须及时向有关部门申报，严格用工制度与管理，适时组织上岗安全教育，要对外包工队的健康与安全负责，加强劳动保护工作。

⑤组织落实施工组织设计中的安全技术措施，组织并监督项目工程施工中的安全技术交底制度和设备、设施验收制度的实施。

⑥领导、组织施工现场定期的安全生产检查，发现施工生产中不安全问题，组织制定措施，及时解决。对上级提出的安全生产与管理方面的问题，要定时、定人、定措施予以解决。

⑦发生事故，要做好现场保护与抢救工人的工作，及时上报，组织配合事故的调查，认真落实制定的防范措施，吸取事故教训。

生产副经理安全生产责任

①对本工程安全生产工作负直接领导责任，协助项目经理认真贯彻执行安全生产方针、政策、法规，落实本企业各项安全生产管理制度。

②组织实施本企业中长期、年度、特殊时期安全工作规划、目标及实施计划，组织落实安全生产责任制。

③参与编制和审核施工组织设计、特殊复杂工程项目或专业性工程项目施工方案。审批本企业工程生产建设项目中的安全技术管理措施，制定施工生产中安全技术措施经费的使用计划。

④领导组织本企业的安全生产宣传教育工作，确定安全生产考核指标。领导、组织外包工队长的培训、考核与审查工作。

⑤领导组织本企业定期和不定期的安全生产检查，及时解决

施工中的不安全生产问题。

⑥认真听取、采纳安全生产的合理化建议，保证本企业安全生产保障体系的正常运转。

⑦在事故调查组的指导下，组织特大、重大伤亡事故的调查、分析及处理中的具体工作。

技术副经理安全生产责任

①对项目工程的安全生产负技术责任。

②贯彻、落实安全生产方针、政策，严格执行安全技术规程、规范、标准。综合项目工程特点，主持项目工程的安全技术交底。

③参加或组织编制施工组织设计，编制、审查施工方案时，要制定、审查安全技术措施，保证其可行性与针对性，并随时检查、监督、落实。

④主持制定技术措施计划和季节性施工方案的同时，制定相应的安全技术措施并监督执行，及时解决执行中出现的问题。

⑤项目工程应用新材料、新技术、新工艺，要及时上报，经批准后方可实施，同时要组织上岗人员的安全技术培训、教育。认真执行相应的安全技术措施与安全操作工艺、要求，预防施工中因化学物品引起的火灾、中毒或其新工艺实施中可能造成的事故。

⑥主持安全防护设施和设备的验收。发现设备、设施的不正常情况应及时采取措施。严格控制不合标准要求的防护设备、设施投入使用。

⑦参加安全生产检查，对施工中存在的不安全因素，从技术方面提出整改意见和办法予以消除。

⑧参加、配合因工伤亡及重大未遂事故的调查，从技术上分析事故原因，提出防范措施、意见。

技术负责人安全生产责任

①认真学习、贯彻执行国家和上级有关安全技术及安全操作规程规定，保障施工生产中的安全技术措施的制定与实施。

②在编制和审查施工组织设计和方案的过程中，要在每个环

节中贯穿安全技术措施，对确定后的方案，若有变更，应及时组织修订。

③检查施工组织设计和施工方案中安全措施的实施情况，对施工中涉及安全方面的技术性问题，提出解决办法。

④对新技术、新材料、新工艺，必须制定相应的安全技术措施和安全操作规程。

⑤对改善劳动条件，减轻笨重体力劳动，消除噪声等方面的治理进行研究解决。

⑥参加伤亡事故和重大已、未遂事故中技术性问题的调查，分析事故原因，从技术上提出防范措施。

8　地形施工的技术要点

8.1　地形施工的原则

满足使用功能，发挥造景功能

不同类型、不同使用功能的园林绿地对地形要求不同。如传统的自然山水园和安静休息区都要求地形比较复杂、富于变化，而规则式园林和儿童游乐区则要求地形比较简单、变化少。

在利用的基础上进行合理的改造

原地形的状况直接影响园林景观的塑造。应巧妙利用原地形的有利条件，稍加整理便可成型，取得事半功倍的效果。

就地就近，维持土方量的平衡

无论是挖湖堆山还是平整场地，都需要动用大量土方，投入大量人力、物力。为此，地形施工时应尽量缩短土方运距，就地填挖，并保持土方平衡，以节省资金。

8.2　地形的施工技术要点

平地施工要点

考虑到排水的需要，园林中完全水平的平地是毫无意义的。

因此，园林中的平地是具有一定坡度的相对平整的地面。为防止水土流失及提高景观效果，单一坡度的地面不宜延续过长，应有小的起伏或施工成多个坡面。平地坡度的大小，可视植被和铺装情况以及排水要求而定。

种植平地　游人散步草坪的坡度可大些，介于 1% ~3% 较理想，以求快速排水，便于安排各项活动和设施。

铺装平地　坡度可小些，宜在 0.3% ~1.0% 之间，但排水坡面应尽量多向，以加快地表排水速度，如建筑物周围、广场等。

坡地施工要点

坡地一般与山地、丘陵或水体并存，其坡向和坡度大小视土壤、植被、铺装、工程设施、使用性质以及其他地形地物因素而定。坡地的高程变化和明显的方向性（朝向）使其在造园用地中具有广泛的用途和施工灵活性。如用于种植，提供界面、视线和视点，塑造多级平台、围合空间等。但坡地坡角超过土壤的自然安息角时，为保持土体稳定，应当采取护坡措施，如砌挡土墙、堆叠自然山石及种植地被植物等。坡地根据坡度的大小可分为缓坡地、中坡地、陡坡地、急坡地和悬崖陡坎等。

缓坡地　在地形中属陡坡与平地或水体间的过渡类型。道路、建筑布置均不受地形约束，可作为活动场地和种植用地，如作为篮球场、疏林草地等。

中坡地　在建筑区需设台阶，建筑群布置受限制，通车道路不宜垂直于等高线布置。坡角过长时，可与台阶及平台交替转换，以增加舒适性和平立面变化。

陡坡地　道路与等高线应斜交，建筑群布置受较大限制。陡坡多位于山地处，作活动场地比较困难，一般作为种植用地。25% ~30% 的坡度可种植草皮，25% ~50% 的坡度可种植树木。

急坡地　是土壤自然安息角的极值范围。急坡地多位于土石结合的山地，一般用作种植林坡。道路一般需曲折盘旋而上，梯道需与等高线成斜角布置，建筑需作特殊处理。

悬崖、陡坎　坡度大于100%，坡角在45°以上，已超出土壤的自然安息角。一般位于土石山或石山，种植需采取特殊措施（如挖鱼鳞坑、修树池等）保持水土、涵养水分。道路及梯道布置均困难，工程措施投资大。

山地施工要点

山地是地貌施工的核心，它直接影响空间的组织、景物的安排、天际线的变化以及土方工程量等。园林山地多为土山，山地主要指土山。

土山的分类　园林中的土山地按其在组景中的功能不同分为几种，具体见表1-29。

表1-29　土山地按其在组景中的功能不同分类

类型	特　点
主景山	体量大，位置突出，山形变化丰富，构成园林主题，以便于主景升高，多用于主景式园林，高10m以上
背景山	用于衬托前景，使其更加明显，用于纪念性园林，高8~10m
障景山	阻挡视线，用于分隔和围合空间形成不同景区，增加空间层次，呈蜿蜒起伏丘陵状，高1.5m以上
配景山	用于点缀园景，登高远眺，增加山林之趣，一般园林中普遍运用，多为主山高度的1/3~2/3

山地的施工要点　山地的施工要点主要有以下五个方面。

未山先麓，陡缓相间　山脚应缓慢升高，坡度要陡缓相间，山体表面是凹凸不平状，变化自然。

主次分明，互相呼应　主山宜高耸、盘厚，体量较大，变化较多；客山则奔趋、拱状，呈余脉延伸之势。先立主位，后布辅从，比例应协调，关系要呼应，注意整体组合。忌孤山一座。

歪走斜伸，逶迤连绵　山脊线呈之字形走向，曲折有致，起伏有度，逶迤连绵，顺乎自然。忌对称均衡。

左急右缓，勒放自如　山体坡面应有急有缓，等高线有疏密变化。一般朝阳和面向园内的坡面较缓，地形较为复杂；朝阴和面向园外的坡面较陡，地形较为简单。

丘壑相伴，虚实相生　山脚轮廓线应曲折圆润，柔顺自然。山雍必虚其腹，谷壑最宜幽深，虚实相生，丰富空间。

丘陵施工要点

丘陵的坡度一般在 10%～25% 之间，在土壤的自然安息角以内不需工程措施，高度也多在 1～3m 变化，在人的视平线高度上下浮动。丘陵在地形施工中可视作土山的余脉、主山的配景、平地的外缘。

水体施工要点

理水是地形施工的主要内容，水体施工应选择低或靠近水源的地方，因地制宜，因势利导。山水结合，相映成趣。在自然山水园中，应呈山环水抱之势，动静交呈，相得益彰。配合运用园桥、汀步、堤、岛等工程措施，使水体有聚散、开合、曲直、断续等变化。水体的排水口、进水口、溢水口及闸门的标高，应满足功能的需要并与市政工程相协调。汀步、无护栏的园桥附近 2m 范围内的水深不大于 0.5m；护岸顶与常水位的高差要兼顾景观、安全、游人近水心理和防止岸体冲刷等要求合理确定。

9 地形施工的注意事项

9.1 地形设计施工要点

安全

过高、过陡的山，如果超过各种土壤的不同休止角和地面承载力，就易冲刷、塌坍，自身不稳定的同时，游人攀登也不安全。尤其是假山石料的倾斜翻滚，极易造成事故，早有先例，要非常重视。一般山坡在 1/3 以内，山峰陡而山麓缓，愈远愈平，这样是比较合适的做法。

功能

地形除了有排水、灌溉、改善种植条件的要求，还可以塑造小气候的环境。群山环抱，气势雄伟，放在西北面，可以遮挡冬天的风；而舒坦的向阳面，增加了种植地面。左边流水潺潺，右边盘旋大道，前面荷塘清池，这符合中国风俗里讲的风水，即："左有流水谓之青龙，右有长道谓之白虎，前有污池谓之朱雀，后有丘陵谓之玄武，为最贵地"。

形态

地形要符合自然规律，方能体现自然山水之趣。因此要深入研究自然山水形成规律，在限定的空间内，让地形在各个不同方向以各种不同坡度延伸，产生各种不同体态、层次、分汇水线，形成人工山林趣味。正如苏轼写庐山："横看成岭侧成峰，远近高低各不同，不识庐山真面目，只缘身在此山中"，是对山形最好的描述。"青龙要高大，白虎不抬头"和"众山拱伏，主山始尊，群峰瓦盘，祖峰乃厚"，是一般人心目中的群山格式，可以参考。

经济

经济主要体现在以下几个方面：

因地制宜 《园冶》曰："高阜可培，低方宜挖"。充分利用原地形现状，严密计算挖填数量运距，减少工程量和运输量。

尽量做到土方平衡，减少外运内送土方量 挖湖与堆山，本身就是相互满足又省运距的措施；南缓北陡的坡度，也是符合推填的施工顺序。

充分利用原地表熟土 必要时应在设计中注明保存熟土的施工顺序要求，对原河塘腐泥，也应清塘利用，计算在土方工作量上。设计地形表面土层，要对深度、质量和机施程度有所要求，这对地形表面土层渗透排水，尤其对绿化种植的成活率大有影响。凡使用重型机械反复推辗过的山坡，土壤结构破坏，即使种植穴加深放大，也难排水，切切注意。

准确选定水位 水位高低对土方量影响极大，$1hm^2$ 土地，只要增加 10cm 高度，就须 1000m³ 土方。因此设计前要取得当地高、低、常水位和沟管标高、土质等资料。

9.2 土方工程冬季施工原则

冬季土壤冻结后，要进行土方施工是很困难的，因此要尽量避免冬季施工。但为了争取施工时间，加快建设速度，可冬季施工。

冬季开挖土方措施

①机械开挖冻土层在 25cm 以内的土壤可用 0.5～1.0m³ 单斗挖土机直接施工，或用大型推土机和铲运机等综合施工。

②松碎法可分人工与机械两种。人工松碎法适合于冻层较薄的沙质土壤、沙黏土及植物性土壤等，在较松的土壤中采用撬棍，比较坚实的土壤用钢锥。在施工时，松土应与挖运密切配合，当天松破的冻土应当天挖运完毕，以免再度遭受冻结。

③爆破法适用于松解冻结厚度在 0.5m 以上的冻土。此法施工简便，工作效率高。

④解冻法方法很多，常用的方法有热水法、蒸汽法和电热法等。

冬季土方施工的运输与填筑

①冬季的土方运输应尽可能缩短装运与卸车时间，运输道路上的冰雪应加以清除，并按需要在道路上加垫防滑材料，车轮可装设防滑链，在土壤运输时须加覆盖保温材料以免冻结。

②为了保证冬季回填土不受冻结或少受冻结，可在挖土时将未冻土堆在一处，就地覆盖保温，或在冬季前预存部分土壤，加以保温，以备回填之用。

③冬季回填土壤，除应遵守一般土壤填筑规定外，还应特别注意土壤中的冻土含量问题，除房屋内部及管沟顶部以上 0.5m 以内不得用冻土回填外，其他工程允许冻土的含量，应视工程情况而定，一般不得超过 15%～30%。

④在回填土时，填土上的冰雪应加以清除，对大于 15cm 厚的冻土应予以击碎，再分层回填，碾压密实，并预留下沉高度。

9.3 土方工程雨季施工原则

大面积土方工程施工应尽量在雨季前完成。如要在雨季时施工，则必须要掌握当地的气象变化，从施工方法上采取积极措施。

①在雨季施工前要做好必要的准备工作。雨季施工中特别重要的问题是：要保证挖方、填方及弃土区排水系统的完整和通畅，并在雨季前修成；对运输道路要加固路基，提高路拱，路基两侧要修好排水沟，以利泄水；路面要加铺炉渣或其他防滑材料；并要有足够的抽水设备。

②在施工组织与施工方法上，可采取集中力量，分段突击的施工方法，做到随挖随填，保证填土质量。也可采取晴天做低处，雨天做高处。在挖土到距离设计标高 20～30cm 时，预留垫层或基础施工前临时再挖。

9.4 滑坡与塌方的处理措施

加强工程地质勘查

对拟建场地(包括边坡)的稳定性进行认真分析和评价；工程和路线一定要选在边坡稳定的地段，对具备滑坡形成条件的或存在古老滑坡的地段，一般不选作建筑场地或采取必要的措施加以预防。

做好泄洪系统

在滑坡范围外设置多道环行截水沟，以拦截附近的地表水。在滑坡区，修设或疏通原排水系统，疏导地表、地下水，防止渗入滑体。主排水沟宜与滑坡滑动方向一致，与支排水沟与滑坡方向成 30°～45°角斜交，防止冲刷坡脚。处理好滑坡区域附近的生活及生产用水，防止浸入滑坡地段。如因地下水活动有可能形成浅层滑坡时，可设置支撑盲沟、渗水沟，排除地下水。盲沟应布置在平行于滑坡坡动方向有地下水露头处。做好植被工程。

保持边坡坡度

保持边坡有足够的坡度，避免随意切割坡脚。土体尽量削成较平缓的坡度，或做成台阶状，使中间有 1～2 个平台，以增加稳定，土质不同时，视情况削成 2～3 种坡度。在坡脚处有弃土条件时，将土石方填至坡脚，使其起反压作用。筑挡土堆或修筑台地，避免在滑坡地段切去坡脚或深挖方。如平整场地必须切割坡脚，且不设挡土墙时，应按切割深度，将坡脚随原自然坡度由上而下削坡，逐渐挖至所要求的坡脚深度。

避免坡脚取土

尽量避免在坡脚处取土，在坡肩上设置弃土或建筑物。在斜坡地段挖方时，应遵守由上而下分层的开挖程序。在斜坡上填土时，应遵守由下往上分层填压的施工程序，避免在斜坡上集中弃土，同时避免对滑坡坡体的各种振动作用。对可能出现的浅层滑坡，最好将坡体全部挖除；如土方量较大，不能全部挖除，且表层土破碎含有滑坡夹层时，可对滑坡体采取深翻、推压、打乱滑坡夹层、表层压实等措施，减少滑坡因素。

已滑工程处理

对已滑坡工程，应先稳定后采取设置混凝土锚固桩、挡土墙、抗滑明洞、抗滑锚杆或混凝土墩与挡土墙相结合的方法加固坡脚，并在下段做截水沟、排水沟，陡坝部分采取去土减重，保持适当坡度。

防滑技术措施

①对于滑坡体的主滑地段可采取挖方卸荷，拆除已有建筑物或整平后铺垫强化筛网等减重辅助措施。

②滑坡面土质松散或具有大量裂缝时，应进行填平、夯填，防止地表水下渗；在滑坡面植树、种草皮、铺浆砌片石等保护坡面。

③倾斜表层下有裂缝滑动面的，可在基础下设置混凝土锚桩（墩）。土层下有倾斜岩层，将基础设置在基岩上用锚铨锚固，或做成阶梯形采用灌注桩基减轻土体负担。

第2章 园林铺装设计与施工

1 铺装的基础知识

铺装是指在园林环境中运用自然或人工的铺地材料，按照一定的方式铺设于地面形成的地表形式。作为园林景观的一个有机组成部分，园林铺装主要通过对园路、空地、广场等进行不同形式的图案材料色彩组合，贯穿游人游览过程的始终，在营造空间的整体形象上具有极为重要的影响。铺装的园林道路，在园林环境中不仅具有分割空间和组织路线的作用，而且为人们提供了良好的休息和活动场所，同时还直接创造出了优美的地面景观，给人以美的享受，增强了园林艺术的效果。

1.1 铺装的要素

铺装形式多样，但是万变不离其宗，主要是通过色彩、质感、构图、尺度、上升、下沉和边界的相互组合产生变化。

色彩

色彩 色彩是心灵表现的一种手段，它能把设计者的情感强烈地贯入人们的心灵。铺装的色彩在园林中一般是衬托景点的背景，除特殊的情况外，其少数情况会成为主景，所以要与周围环境的色调相协调。

色彩是在铺地中最易创造气氛和情感的活跃因素，良好的色彩处理会给人们带来无限的欢快与愉悦。我国是一个国土辽阔、民族众多的国家，对色彩的喜爱也有差别。在园林铺装景观中，合理利用色彩对人的心理效应，如色彩的感觉、色彩的表情、色彩的联想与象征等，可以形成别具一格的地面，让它充满生机和情趣，与蓝天白云、青山绿水、多彩花园一起营造优美的园林空间，让人们的生活更多精彩。

色彩的感觉　色彩给人的感觉有大小感、进退感、轻重感、冷暖感、软硬感、兴奋沉静感和华丽朴素感等。一般来讲，红、橙、黄暖色系的色是前进色，有向前凸出感；蓝绿冷色系的色是后退色，有凹进感。另外，明度高者，视之似进；明度低者，视之似退；明度高者感轻，明度低者感重。红色系统使人感暖，蓝色系统使人感冷。无彩色中，白色使人感冷，黑色使人感暖。

色彩的软硬感与色彩的明度、纯度相关。明度高、纯度低的色彩使人感到柔软，明度低、纯度高的色彩使人感到坚硬。由于红、橙、黄纯色能给人以兴奋感，故称为兴奋色；而蓝、绿色给人以沉静感，故称为沉静色。从纯度方面讲，纯度高的色彩给人的感觉华丽，纯度低的色彩给人的感觉朴素；从色相方面讲，暖色给人的感觉华丽，冷色给人的感觉朴素；从明度方面讲，明度高的色彩给人的感觉华丽，而明度低的色彩给人的感觉朴素。

如图 2-1 所示，图中白色之中夹杂着蓝、浅条纹，给人冷静的感觉，一般蓝色冷色系的色是后退色，有凹进感。此图明度甚高，且其蓝色系统使人感冷，白色亦然。该图案明度高、纯度低，给人柔软之感，而蓝色给人沉静之感，其低的纯度又显得朴素，再加上场地空旷，是休憩避凉的优选场所。

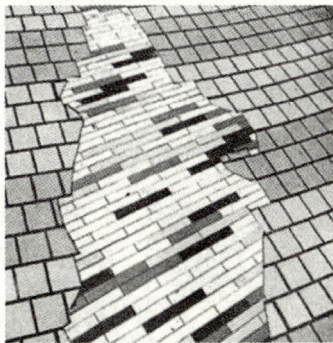

图 2-1　铺装的色彩感觉

色彩的表情、联想与象征　每一种色都有自己的表情，会对人产生不同的心理作用，联想和象征是色彩心理效应中最为显著的特点，可以利用这一特点来实现铺装景观的功能。

　　红色象征着幸福吉祥，能引起人的兴奋，同时红色又给人留下恐怖心理，象征着流血和危险。橙色能使血液循环加快，而且有温度上升的感觉，是色彩中最活泼、最富有光辉的色彩，是暖色系中最温暖的色，它常和太阳相联系。黄色是最明亮的色彩，是使人愉快的色、幸福的色，给人明快、泼辣、希望、光明的感觉。

　　绿色是我们视觉中最能适应的一种色，绿色显得平静，使人的精神不易疲劳，如果你的眼睛感到刺激难受时，可以在绿色中去求得恢复。黄绿色是具有一种冷色的端庄的色彩，平静而又凉爽，显出一种青春的力量，生机勃勃，蒸蒸日上，使人联想到春、竹、嫩草等，给人宁静的园林感。蓝色让人感到雅致而冷静，与红、橙暖色在一起，又为此类色彩提供了深远的空间效果。深蓝色如同天空、海洋，有着遥远而神秘的感觉。

　　白色具有光明的性格，又能将其他色引为明亮。白色的性格内在，让人感到快乐、纯洁，而毫不外露。黑色在视觉上是一种消极的色彩，给人稳定、深沉、严肃、坚实的感觉。一般认为大面积的白、黑色路面单调乏味，因此进行景观铺装，使道路彩化，更具吸引力。但这并不意味着铺装的色彩设计排除白色与黑色，灰色是白与黑的混合色，由于灰色明度适中，因此它能使人的视觉得到平衡。

　　此外，色彩之间的搭配也是非常重要的，不同的色彩搭配会产生不同的效果。例如，黄、白搭配欢快、明亮，红、黑搭配稳重、深沉，蓝、绿搭配雅致、宁静等，如图 2-2 所示。

质感

　　路面的铺装在很大程度上依靠材料的质地带给人不同的感受。在进行铺地设计的时候，我们要充分考虑空间的大小，大空间要做得粗犷些，应该选用质地粗大、厚实、线条较为明显的材料，因为粗糙往往使人感到稳重、沉重、开朗；另外，在烈日下面，粗糙的铺地可以较好地吸收光线，不显得耀眼。而在小空间则应该采用较细小、圆滑、精细的材料，细致感给人轻巧、精

图 2-2 铺装的色彩搭配

致、柔和的感觉。例如,在一个几百万人口的大都市里,公园是人们放松心情的理想园地,经过了一天的繁忙之后,人们开始向往自然朴实的生活,麻面石料和灰色仿花岗岩铺面的园林小径,体现的是一种粗犷、稳定的感觉,而卵石的小道则让人感到舒畅、亲切,不同的素材创造了不同的美的效应。

不同质地的材料在同一景观中出现,必须注意其调和性,恰当地运用相似及对比原理,组成统一和谐的园林景观。

第一、第二质感 如何让路人无论是远景视还是近景视都能获得良好的质感美效果也是施工中必须要关注的问题。对于广场和人行道上的人们,可以很清楚地看到铺装材料的材质,称之为材料的第一质感;而对于车上的乘客,由于所处距离较远,以至于看不清铺装材料的纹理,为了吸引这些人的注意,满足他们的视觉要求,就要对铺装砌缝以及铺装构图进行精心设计,这些就形成了材料的第二质感。

图 2-3 是近景视图，2-4 是远景视图。图 2-3 中，游人可以很清楚地看到铺装材料的材质，故形成了第一质感；图 2-4 中在老远处本应看不清铺装材料的纹理，但是为了吸引游人注意，满足游人视觉要求，就对铺装砌缝以及铺装构图进行精心设计，从而形成了现在的第二质感。

要充分了解从什么距离如何可以看清材料，才能选择适于各个不同距离的材料，这在提高外部空间上是很有利的。

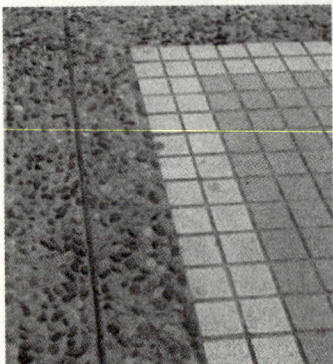

图 2-3　铺装的视觉质感（近景）　　图 2-4　铺装的视觉质感（远景）

视觉、触觉质感　由于人们用眼感知不同材料时会产生不同的视觉质感，从而获得不同的视觉美感；而通过触觉感知不同材料的表面时会产生不同的触觉质感，从而获得不同的心理感受。所以在铺装景观设计中，巧妙、灵活地利用质感可以给空间带来丰富的内涵和感染力，同时会对人们产生心理暗示，继而指导人们的行为。可以说，质感是实现铺装景观功能必不可少的要素之一，其设计是铺装景观设计中极其重要的一环。如图 2-5 所示，鹅卵石具有按摩的作用，人走于其上，有很大的空间感，有天当被地当床触觉感。

构型与尺度构图

在铺地景观中，构形是不容忽视的，构形设计要体现形式美原则，即：统一、对比、比例、韵律、节奏、动感等。

图 2-5　铺装的触觉质感

构形的基本要素

铺装构图中的点　点以不同的方式存在或组合能引起人们不同的心理反应。当画面中只有 1 个点时，人们的视线就很容易集中到这个点上。当空间中有 2 个同等大小的点，各自占有其位置时，其张力作用就表现在连接此两点的视线上，在心理上产生吸引和连接的效果。空间中的 3 个点在 3 个方向上平均散开时，其张力作用就表现为一个三角形。如果画面中的 2 个点为不同大小时，观察者的注意力首先会集中在优势的一方，然后再向劣势方向转移。

点的不同形态和组合能够形成多种视觉心理的功能作用；序列的点可以使人感知到线，缩小了的物状能够产生不同的形态点，点的大小序列产生不同方向、远近连续的点，点的等距排列形成安定、均衡的点，还有富有韵律的点、形成节奏的点、充满动感的自由的点、向外扩张与向内积聚的点等。

铺装构图中的线　直线寓意性格挺直、单纯，是男性的象征，表现出了简单、明了、直率的特点，具有一种力量上的美感。其中：粗直线使人感觉坚强、有力、厚重和粗壮；而细直线却显得轻松、秀气和敏锐，折线具有节奏、动感、活泼、焦虑、不安等心理感受。从线的方向来说，不同方向的线会反映出不同的感情性格，可以根据不同的需要加以灵活运用。水平线能够显示出永久、和平、安全、静止的感觉；垂直线具有庄严、崇敬、庄重、高尚、权威等感情心理的特点；斜线是直线的一种形态，它介于垂直线和水平线之间，相对这两种直线而言，斜线有一种不安全、缺乏重心平衡的感觉，但它有飞跃、向上冲刺或前进的感觉。

曲线与直线相比，则会产生丰满、优雅、柔软、欢快、律动、和谐等审美上的特点，它是女性美的象征。曲线又可以分为自由曲线和几何曲线。自由曲线是富有变化的一种形式，它主要表现于自然的伸展，并且圆润而有弹性。它追求自然的节奏、韵律性，比几何曲线更富有人情味。几何曲线由于它的比例性、精确性、规整性和单纯中的和谐性，使其形态更有符合现代感的审美意味，在施工中加以组织，常会取得比较好的效果。

如图 2-6 所示，图中细线使人感到轻松、秀气和敏锐；其水平线显示出永久、和平、安全、静止的感觉，正符合现代人的心理状态；再加上垂直线，更添加了庄严、崇敬、庄重、高尚权威等感情心理的特点。

铺装构图中的面　外轮廓线决定面的外形，可分为几何直线形、几何曲线形、自由曲线形、偶然形。

图2-6　直线铺装风格

几何直线形具有简洁、明了、安定、信赖、井然有序之感，如四边形、三角形等；几何曲线形比直线更具柔性、理性、秩序感，具有明了、自由、易理解、高贵之感；自由曲线形是不具有几何秩序的曲线形，因此它较几何曲线形更加自由、富有个性，它是女性的代表，在心理上可产生优雅、柔软之感；偶然形一般是设计者采用特殊技法所产生的面，和前几种相比较更自然、更加生动，富有人情味。不同曲线形的面组合形成的铺装将极具现代感，使人感到空间的流动与跳跃，但这需要设计者必须具有高度的创意设计能力，否则就会出现影响视觉进而扰乱步行节奏等问题，所以不容易成功。

形式

　　重复形式　构形中的同一要素连续、反复有规律的排列谓之重复，它的特征就是形象的连接。重复构形能产生形象的秩序化、整齐化，画面统一，富有节奏美感。同时，由于重复的构形使形象反复出现，具有加强对此形象的记忆作用。重复构形的一个基本条件是必须有重复的基本形、重复的骨骼。重复的基本形就是构成图形的基本单位，重复的骨骼就是构形的骨骼空间划分的形状、大小相等，重复的骨骼为给基本形在方向和位置方面的交换提供了有利条件，从而可以进行多方面的变化。

　　基本形的绝对重复排列即同一基本形按一定的方向连续的并置排列，这是重复构形的最基本表现形式；基本形的正、负交替排列即同一基本形在左、右和上、下位置上，正、负交替变化；基本形的方向、位置变换排列即同一基本形在方向上进行横竖或上下变换位置；重复基本形的单元反复排列即将基本形在方向上按照一定的秩序形成一个单元反复排列。如图 2-7 所示，路中央的

图 2-7　重复形式的铺装

圆形成秩序状排列，其特征就是圆的连接重复产生形象的秩序化、整齐化，富有节奏感，强化了记忆。圆和波浪条纹是构成该铺地面的基本单位，重复的圆和波浪线在空间和位置上产生了视觉的变化。

　　渐变形式　渐变是基本形或骨骼逐渐地、有规律顺序变动，它能给人以富有节奏、韵律的自然美感，呈现出一种阶段性的调

和秩序。一切构形要素都可以取得渐变的效果，如基本形的大小渐变、方向渐变、色彩渐变、形状渐变等，通过这些渐变产生美的韵味。

大小渐变是基本形以起始点至终点，按前大后小的空间透视原理编排的渐次由大到小或由小到大的变化，这种变化可以形成空间深远之感。对基本形进行排列方向的渐变，可以加强画面的变化和动态感。在构形中，为了增强人们的欣赏情趣，可以采用一种形象逐渐过渡到另一种形象的手法，这种手法称为形状渐变。只要消除双方的个性，取其共性，造成一个中立的过渡区，取其渐变过程便可得到形状渐变。

如图2-8所示，一目了然，该路面是形状的渐变给人富有。从眼前到远处，形状由小到大，由大到小地转变，空间深远，细微之处又有小异，圆形是环形的本体，形状循环过度。

图2-8 渐变形式的铺装

发射形式 发射是特殊的重复和渐变，其基本形或骨骼线环绕一个共同的中心构成发射状的图形。特点是由中心向外扩张，由外向中心收缩，视觉效果强烈，令人注目，具有强烈的指向作用，富有一定的节奏、韵律。所有的发射骨骼均由中心和方向构成。发射形式有离心式发射、向心式发射、同心式发射、移心式发射、多心式发射。

离心式发射是一种发射点在中心部位，其发射线向外发射的构形形式，它是发射骨骼中应用较多的一种主要形式。在离心式发射构形中，由于发射骨骼线不同，又可分直线发射和曲线发射等不同形式，直线发射使人感到强而有力，曲线发射使人感到柔和而变化多样。

向心式发射是与离心式发射相反方向的发射骨骼，其中心点在外部，从周围向中心发射。

同心式发射的发射点是从一点开始逐渐扩展的，同心圆或类似方形的渐变扩展所形成的重复形。

移心式发射的发射点可以根据图形的需要，按照一定的动态秩序渐次移动位置，形成有规律的变化，这种发射构形能够表现出较强的空间感。

多心式发射构形即以数个点进行发射构成，其中有的发射线相互衔接，组成了单纯性的发射构形，这种构形效果具有明显的起伏状，层次感也很强。

发射构图除了以上的基本形外，还可以多种形式结合应用，采用多种不同的手法交错表现，以此来丰富作品的表现力。发射构成的图形具有很强的视觉效果，形式感强，富有吸引力，令人注目，因此在铺装景观设计中，尤其是广场的铺装设计中常会采用这种形式的构图。

整体形式　在铺装景观中，尤其是广场的铺装，有时还会把整个广场作为一个整体来进行整体性图案设计。在广场中，将铺装设计成一个大的整体图案，将取得较佳的艺术效果，并易于统一广场的各要素和求得广场空间感，烘托广场的主题，充分体现其个性特点，成为城市中的一处亮丽景观，给人们留下深刻印象，如图 2-9 所示，圣彼得大教堂的广场便是一个整体图案。

图 2-9　圣彼得大教堂的广场

1.2　铺装的基本设计手法

轴线

　　轴线是我国传统设计思想中最重要的设计手法，是构成对称的要素，从气势恢弘的故宫到江南幽雅恬静的农家小院，对称的景观随处可见。轴线贯穿于两点之间，围绕着轴线布置的空间和形式可以是规则的，也可以是不规则的。有时候轴线是可见的，给人以明显的方向性和序列感；有时候轴线又是不可见的，它强烈地存在于人们的感觉中，使人能够领会和把握空间，增加了空间的可读性。运用轴线合理组织与安排铺装空间及景观构图，可以给人强烈的空间感染力，达到景观环境设计的井然有序和完整统一。

图 2-10　轴线对称的铺装

　　如图 2-10 所示，该铺地广场轴对称，轴线并不可见，这增加了广场空间的可读性，再加上两边树木茂密，给人强烈的空间感染力，井然有序，完整统一。

重心

重心一般泛指人对形态所产生的心理量感上的均衡。重心的位置和形态通常决定了景观环境的主题。重心可以是平面的中心，也可以偏离中心设置，它通常是人们视线的焦点和心理支撑点。重心在铺装构形设计中同轴线一样得到广泛应用，尤其是小面积的地面铺装多采用重心的构图设计手法来强调空间环境的主题，加深人们对景观环境的印象。

如图 2-11 所示，在公园或别的地方游玩时，难免会迷路，该铺地运用指南针的图形，别出一格，既有使用价值，又有很强趣味性，增加了环境的可读性与可观赏性。

图 2-11　重心形式的铺装

个性化设计

运用隐喻、象征的手法来表现某种文化传统和乡土气息，引发人们视觉的、心理上的联想和回忆，使其产生认同感和亲切感，这是铺装构形设计中创造个性特色常用的手法。

在铺地景观的构形设计中还经常运用文字、符号、图案等焦点性创意进行细部设计，以突出空间的个性特色。这些带有文字、符号、图案的焦点性铺装部分具有很强的装饰性和趣味性，有的充满地方色彩，有的表现地图内容，有的具有指向、标示作用，也有的等间隔排列作路标使用。它们有效地吸引人们注目，赋予空间环境文化内涵，增强了环境的可读性与可观赏性，非常有助于树立街区的形象。

如图 2-12 所示，地面中央用福字，预示着该户人家福寿安康，永享安平；四角蝴蝶相拥，可以说是仙气萦绕；外面又有经文做的条纹方块，可以永正乾坤。

如图 2-13 所示，似叶非叶，似鳞非鳞，自古有落叶归根之说，铺地令人产生恋乡情结。

图 2-12　福字设计铺装　　　　图 2-13　落叶设计铺装

1.3　尺度类型的选择

尺度的处理是否得当，是城市景观铺装设计成败的关键因素之一，其对人的感情、行为等都有巨大的影响。尺度是空间或物体的大小与人体大小的相对关系，是设计中的一种度量方法。城市设计所提及的尺度可狭义地定义在人类可感知的范围内的尺度上。一般把这一尺度分为 3 类。

尺度

人体尺度　人体尺度是以人为度量单位并注重人的心理反应的尺度，是评价空间的基本标准。以人为度量单位，空间很大，感觉很空旷。

小尺度　很容易度量和体会，是可容少数人或团体活动的空

间，如小公园、小绿地等，给人的体会通常是亲切、舒适、安全
等(图 2-14)。

大尺度　是一种纪念性尺度，其尺度远远超出人对它的判
断，如纪念性广场、大草坪等，给人的体会通常是雄伟、庄严、
高贵等(图 2-15)。

图 2-14　小尺度空间

图 2-15　大尺度空间

尺度大小的确定

充分认识到铺地尺度对园林空间的影响，对于一项具体的铺装景观工程十分重要。由于使用功能不同，周围环境风格各异，其尺度的选择也各不相同。娱乐休闲广场、商业广场、儿童广场、园林、商业步行街、生活性街道等的铺装设计应该严格遵循"以人为本"的设计原则，采用人体尺度或小尺度，给人以亲切感、舒适感，吸引更多的人驻足观赏、娱乐、休憩、交往、购物等活动。"以人为本"的原则并不是否定了大尺度，现代化城市中大尺度和小尺度应该是并存的，这样才符合社会发展的需要。

铺装图案的大小对外部空间能产生一定的影响，形体较大、较开展则会使空间产生一种宽敞的尺度感，而较小、紧缩的形状，则使空间具有压缩感和私密感。由于图案尺寸的大小不同以及采用了与周围不同色彩、质感的材料，还能影响空间的比例关系，可构造出与环境相协调的布局。

铺装材料的尺寸也影响到其使用，通常大尺寸的花岗岩、抛光砖等材料适宜大空间，而中、小尺寸的地砖和小尺寸的马赛克，更适用于一些中小型空间。但就形式意义而言，尺寸的大与小在美感上并没有多大的区别，并非越大越好，有时小尺寸材料铺装形成的肌理效果或拼缝图案往往能产生出较好的形式趣味；或者利用小尺寸的铺地材料组合而成大的图案，也可以与大空间取得比例上的协调。

现代生活离不开现代化交通工具，城市中需要大尺度的道路空间，只要合理规划出车行空间和人行空间，人和车就可以和平共处。而车说到底还是为人服务的，因此存在大尺度的道路空间并不意味着人对城市空间拥有权的丧失，当然前提是必须保障足够的城市公共生活空间。

现代城市仍然存在一些政治色彩比较浓的场所，如市政广场、纪念广场等，采用大尺度的设计可以突出其庄严肃穆、宏伟壮观。

现代城市摩天大楼林立，在这些地点采用大尺度的处理手法，可以加强城市空间的开敞性，不会使人产生压迫感，同时突出时代特色。而且城市中的空间尺度，大的更大，小的更小，大小并置，产生鲜明的对比，可以形成独特的魅力空间，更能吸引人们的注意。

铺装尺度的选择还应考虑视觉特性的影响。如果要使快速运动的人看清物体和人，就必须将它们的形象大大夸张。在高速公路两侧，标志和告示牌都必须巨大而醒目才能看清，同样道理，在交通干道、快速路主要通行机动交通，铺装设计要充分考虑到行车速度的影响，以乘客的视觉特点为主，设计中采用大尺度会获得更好的效果，这也更加体现了"以人为本"的设计原则。

1.4　上升、下沉及其边界

上升与下沉

在铺装景观设计中还要注意对地面高差的处理，因为人们对所处的地位极为敏感，对不同的标高有不同的反应。任何场所都有一个隐形的基准线，人可以位于这个基准线的表面，也可以高于或低于该基准线。高于这个基准线会产生一种权威与优越感，低于此线则会产生一种亲切与保护感。在铺装设计中，有效利用地面高差会获得非常好的效果。地面上升和下沉都能起到限定空间的作用，可以从实际上和心理上摆脱外界干扰，给其中活动的人们以安全感和归属感。

图 2-16　上升的铺装　　　图 2-17　下降的铺装

边界

边界是指一个空间得以界定、区别于另一空间的视觉形态要素，也可以理解为两个空间之间的形态联结要素。边界的走向与形态由周围环境决定，因为环境千变万化，所以边界形式也是多姿多彩的。边界处理同样是铺装景观设计中不容忽视的问题，构思巧妙的边界形式可为整个铺装增添情趣与魅力特色。

根据所强调的内容不同，总的来说边界可分为两类：确定性边界和模糊性边界。

模糊性边界可以实现一个环境空间到另一环境空间的自然过渡，空间转换温和顺畅。当铺装与绿化结合时，采用模糊性边界还可弱化人工环境与自然环境的冲突，使人们漫步其间，最大限度地接触草坪，接触绿色，感受自然。

1.5 广场铺装形式美规律

广场主要是一种人工建造的空间环境，这种空间环境必然要具备满足人们一定的使用功能需求和精神方面的需求。所以，广场就自然地具有了实用的属性和艺术美的属性。而且一般专门修建的广场，它的精神性与艺术美的要求更加突出。在建造广场时，必然要涉及形式美问题，运用形式美的规律来进行构思设计并把它实施建造出来。

广场的布局形式

在广场实践中，对称与非对称是广场形式中最普遍的构成形式。其规律的形成与人们生活过程中对对称与非对称的形式属性认识相统一有关。

广场的对称性形式　自古以来，对称一直被认为是形式美的重要因素之一，人类一直运用对称规律建造房屋设计生活用品以及进行绘画艺术。对称不仅运用于实用领域，也运用于审美领域。

对称的类型包括反照对称(即镜像对称形式)和轴对称(即相

等对称形式)。镜像对称是对称最简单的形式，它主要是几何性的两半相互反照；轴对称是相等结构的对称，主要是通过旋转图形的方法取得。

广场的非对称性形式　是指不采用镜像对称和轴对称的结构形式，非对称的各个部分应力求取得均衡感。均衡是构成广场协调的基础，均衡与否取决于正确地符合广场功能要求和艺术完整性的处理。非对称的广场均衡可以用各种手法来实现。

非对称的广场构成取决于形成它们的具体条件：特定的内容、广场与特殊周围环境关系。非对称的均衡形成条件是通过统一的比例权衡关系，它可以实现非对称的各个组成部分的协调。为了使广场中单元构件合乎比例，把广场各个构件不同部分进行重复和模数化，只有形成严格尺度关系的形态和色彩相似关系才能实现非对称的协调和均衡。

广场的比例与尺度

广场的比例与尺度是广场形式美的关键要素之一。广场形式直接依赖于广场比例的控制与广场尺度关系的把握。

广场的比例　比例是指一个事物整体中的局部与自身整体之间的数比关系。比例是广场设计中最基本的手法之一，也是最具表现力的手法之一。正确地确定广场比例可以形成良好的广场组合形式关系。由于广场构图的各个部分、各尺寸有不同性质的关系，因此主要取决于广场性质和功能。

不同的比例可以引起不同的美感。一般只有简单而又合乎模数的比例关系才是比较和谐的。历史上就出现以 1:0.618 黄金比例分割原则，这个原则曾起到了积极作用，同时也起了不少消极作用，一度成为了程式化的、僵化的东西。

广场的尺度　尺度概念与比例有很多内在的相似关系和联系。尺度是人与它物之间所形成的数比关系，而比例是任何事物自身整体与自身局部之间的数比关系。尺度是以人的自身尺寸关系与它物尺寸之间所形成的特殊数比关系，特殊是指尺度必须是以人的自身尺寸作为基础。

其他形式美规律

广场的多样与统一关系　在统一中存在变化、在变化中寻求统一。若相反的话，仅有多样性就会显得杂乱而无序，仅有统一性就显得死板、单调。所以一切艺术设计的形式中都必须遵循这个规律——多样与统一的有机结合。实现多样统一必须通过影响广场形式美的要素去分析。影响广场形式美的因素是广场中主与从的关系、对比关系、韵律关系、比例关系、尺度关系以及均衡关系等因素。广场设计的统一性可以从形状的、色彩的协调来实现，这种协调通过广场局部构件尺寸、形状、色彩之间相似关系、共性关系来表现。

广场的主从关系　从中外古今广场设计实例来看，采用左右对称的构图形式是比较普遍的。对称的构图形式主要表现为一主两从或多从的结构，主体部分位于中央，其他形成陪衬。一般纪念性广场、市政广场和交通广场等都采用这种形式。而非对称的主从广场形式比较自由、活泼，主从结构可以使广场形成视觉中心和趣味中心，产生鲜明的广场特征。

广场的对比关系　广场的对比关系有大小对比、强弱对比、几何形对比、色彩对比等形式。

广场韵律与节奏　在广场艺术设计中，常常运用形式因素有规律的重复和交替来作为构图手段。重复的类型有两种：韵律的重复和节奏的重复。韵律的基础是节奏，节奏的基础是排列。一般的理解是具有良好的排列称为具有节奏感、节奏性，同样对良好的节奏人们一般称之为具有韵律感。

韵律和节奏在广场竖向设计和平面设计的形态中有多种多样的体现，形成任何节奏、排列都是具有间歇的相互交替。间歇是指过渡性空间，例如柱与柱之间的间距关系。

2 | 铺装的设计步骤

2.1 | 园路铺装的原则

园路的地面铺装是园路景观中的一个重要界面，而且是与用路者接触最亲密的一个界面。路面铺装不但能强化视觉效果，影响环境特征，表达不同的立意和主题，对游人的心理产生影响，还有引导和组织游览的功能，在园路的铺装设计与施工中应遵循以下原则。

铺装要符合生态环保的要求

园林是人类为了追求更美好的生活环境而创造的，园路的铺装设计也是其中一个重要方面。它涉及很多内容，一方面是是否采用环保的铺装材料，包括材料来源是否破坏环境、材料本身是否有害；还有是否采取环保的铺装形式。

铺装要符合园路的功能特点

除建设期间外，园路车流频率不高，重型车也不多，因此铺装设计要符合园路的这些特点，既不能弱化甚至妨碍园路的使用，也不能由于盲目追求某种不合时宜的外观效果而妨碍道路的使用。

如果是一条位于风景幽静处的小路，为了不影响游人的行进和对风景的欣赏，铺装应平整、安全，不宜过多的变化。色彩、纹样的变化同样可以起到引导人流和方向的作用。如果在需提示景点或某个可能作为游览中间站的路段，可利用与先前对比较强烈的纹样、色彩、质感的铺装变化，提醒游人并供游人停下来观赏。出于驾驶安全的考虑，行车道路也不能铺得太花哨以致干扰司机的视觉。但在十字路口、转弯处等交通事故多发路段，可以铺筑彩色图案以规范道路类别，确保交通安全。

铺装要与其他造园要素相协调

园路路面设计应充分考虑到与地形、植物、山石及建筑的结合，使园路与之统一协调，适应园林造景要求，如嵌草路面不仅能丰富景色，还可以改变土壤的水分和通气状态等。在进行园路路面设计时，如果为自然式园林，园路路面应具有流畅的自然美，无论从形式和花纹上都应尽可能避免过于规整；如果为规则式平地直路，则应尽可能追求有节奏、有规律、整齐的景观效果。

铺装要与园景的意境功能相协调

园路路面是园林景观的重要组成部分，路面的铺装既要体现装饰性的效果，以不同的类型形态出现，同时在建材及花纹图案设计方面必须与园景意境相结合。路面铺装不仅要配合周围环境，还应该强化和突出整体空间的立意和构思。

铺装的灵活性

园林景观建设是一个长期过程，要不断补充完善。园路铺装应适于分期建设，甚至临时放个过路沟管，抬高局部路面，也不必如刚性路面那样开肠剖肚。

因此，路面铺装是否有令人愉悦的色彩、让人耳目一新的创意和图案，是否和环境协调，是否有舒适的质感、对于行人是否安全等，都是园路铺装设计的重要内容之一，也是最能表现"设计以人为本"这一主题的手段之一。

2.2 铺装形式设计

铺装结构及材料设计流程如图 2-18 所示。

3 铺装方式

3.1 整体现浇铺装

整体现浇铺装的路面适宜风景区通车干道、公园主园路、次园路或一些附属道路。园林铺装广场、停车场、回车场等也常常采用整体现浇铺装。采用这种铺装的路面主要是沥青混凝土路面和水泥混凝土路面。

沥青混凝土路面用 60~100mm 厚泥结碎石作基层，以 30~

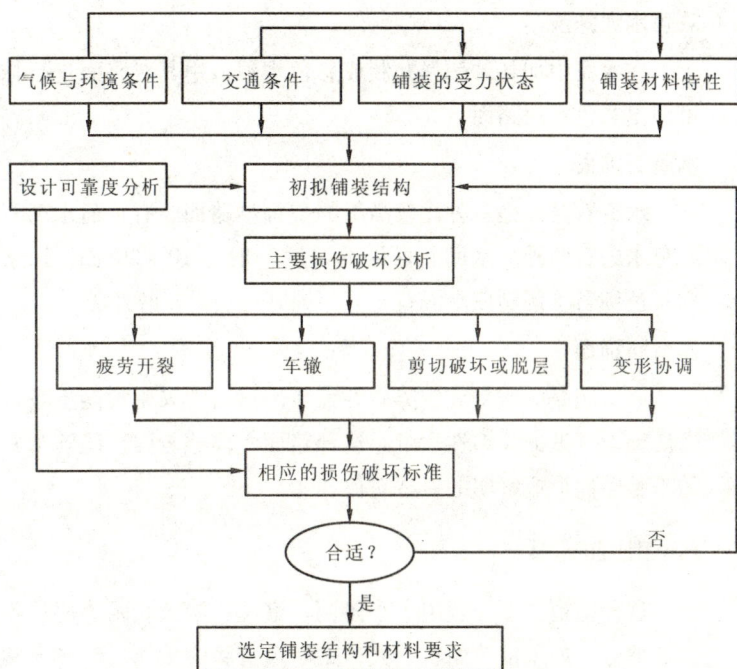

图2-18　铺装结构及材料设计流程

50mm厚沥青混凝土作面层。根据沥青混凝土的骨料粒径大小，有细粒式、中粒式和粗粒式沥青混凝土可供选用。这种路面属于黑色路面，一般不用其他方法来对路面进行装饰处理。

水泥混凝土路面的基层可用80～120mm厚碎石层或用150～200mm厚大块石层，在基层上面可用30～50mm粗沙作间层。面层则一般采用C20混凝土，做120～160mm厚。路面每隔10m设伸缩缝一道。对路面的装饰主要是采取各种表面抹灰处理。抹灰装饰的方法有以下几种。

普通抹灰

普通抹灰是用水泥砂浆在路面表层做保护装饰层或磨耗层。水泥砂浆可采用1:2或1:2.5比例，常以粗沙配制。

彩色水泥抹灰

在水泥中加各种颜料配制成彩色水泥，用其对路面进行抹灰可做出彩色水泥路面。

水磨石饰面

水磨石路面是一种比较高级的装饰型路面，有普通水磨石和彩色水磨石两种。水磨石面层的厚度一般为 10～20mm，用水泥和彩色细石子调制成水泥石子浆，铺好面层后打磨光滑。

露骨料饰面

一些园路的边带或作障碍性铺装的路面常采用混凝土露骨料方法饰面，做成装饰性边带。这种路面立体感较强，能够和其旁的平整路面形成鲜明的质感对比。

3.2 片材贴面铺装

这种铺地类型一般用于小游园、庭园、屋顶花园等面积不太大的地方。如果铺装面积过大，路面造价将会太高，经济上常不能允许。

片材是指厚度在 5～20mm 之间的装饰性铺地材料，常用的片材主要是花岗石、大理石、釉面墙地砖、陶瓷锦砖和陶瓷广场砖等。这类铺地一般都是在整体现浇的水泥混凝土路面上采用。在混凝土面层上铺垫一层水泥砂浆，起路面找平和结合作用。水泥砂浆结合层的设计厚度为 10～25mm，可根据片材具体厚度而确定；水泥与沙的配合比例采用 1:2.5。用片材贴面装饰的路面，其边缘最好要设置路牙石，以便于路边更加整齐和规范。各种片材铺地的情况具体见表 2-1。

表 2-1　常用路面面层材料特性一览表

名称	规格要求(mm)	特点	适用范围	其他
混凝土砖	大方砖 400×400×75、400×400×100、500×500×100，标号 200～250；小方砖 250×250×50，标号 250	坚固、耐用、平整，反光率大，路面要保持适当的粗糙度。可以做成各种彩色路面	适用于广场、庭园、公园干道，各种形状的花砖适用于公园的各种环境	最好适量加入炭黑以减少反光刺眼
青砖	机砖 240×115×53，标号 150 以上 大方砖 500×500×100 空隙率小于 5%	质地密实的青砖可作为铺路砖，而目前市场上红砖质地松脆，易于剥落，不宜使用	风格古朴，施工简便，可拼凑成各种图案，适于庭园。古建筑物附近尤为适宜	阴湿的地段路面易生青苔，在坡度较大的阴地不宜使用
石板	规模大小不一，但角块不宜小于 200～300，厚度不宜小于 50	坦率、肃穆、粗犷、自然	自然式的小路或林中的活动场地	不宜通行重型车，否则易断裂、松动
块石	大石块面大于 200，厚 100～150，小石块面 80～100，厚 200，直立铺砌	牢固、美观、耐久，整齐的块石铺地肃穆、庄重	适于古建筑物和纪念性建筑物附近	造价较高
乱石	石块大小不一，有突出路面的棱角必须凿除，边石要大些方能牢固	粗犷、要求不高的路面	风景区僻野的小路	尽量平整，以利行走，防疲劳
卵石	根据需要规格不一，施工时要注意长扁搭配	排水性好、耐磨，圆润细腻色彩丰富、装饰性强	适于各种甬道、庭园铺装	易松动脱落，表面不平整、不便清洁
碎大理石片	规格不一，可少量与其他材料混合使用	富丽、华贵、装饰性强	由于表面光滑，不宜单独使用	坡地不宜使用

石片碎拼铺地

　　块石与碎石铺助通常是利用加工标准石材所剩的下脚料加工成规则的小石块和不规则的碎石，大理石、花岗石的碎片价格较便宜，用来铺地很划算，既装饰了路面，又可减少铺路经费。

　　常见拼铺形式　块石与碎石的拼铺形式如图 2-19 所示。

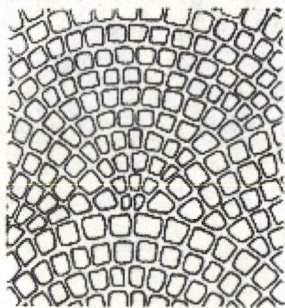

(a)

(b)

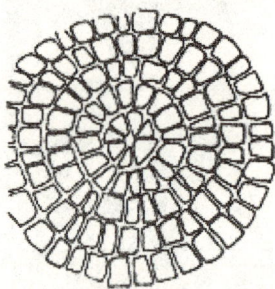

(c)

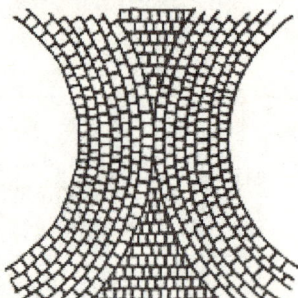

(d)

(e)

(f)

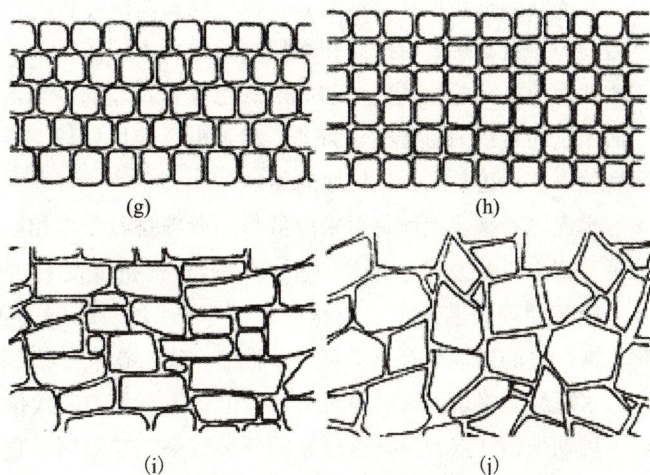

(g)　　　　　　　　　　　(h)

(i)　　　　　　　　　　　(j)

图 2-19　常见块石与碎石的拼铺

　　冰裂纹拼铺　冰裂纹拼铺虽然属于碎拼石地面范畴，但其与一般碎拼地面有很大区别，它不像碎拼地面那样只经筛选而无需加工就可随形铺筑。冰裂纹具有逼真的水面冰裂效果，裂纹的显著特点是多呈边缘整齐的三角形和多边形石，因而，需在现场严格切边加工方可拼铺，并用水泥砂浆或石灰砂浆填补灌缝。由于随形随意性受到很大的限制，就要求必须在设计人员的严格指导下才能施工。冰裂纹拼铺形式如图 2-20 所示。

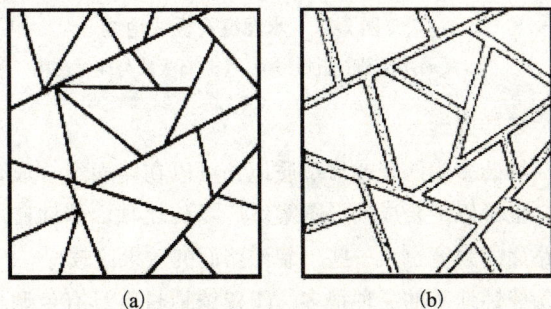

(a)　　　　　　　　　　　(b)

图 2-20　冰裂纹拼铺

（a）冰裂纹地面；（b）冰裂纹嵌草路面

水泥缝石板块地纹　水泥缝石板块地面，是碎拼石材的一种类型，与一般碎拼石材地面和冰裂纹地地面不同的是，水泥缝石板块地面的拼缝的细腻处理和面层的色彩、纹理的一致性。有些地面做法对拼铺后石板表面进行刮浆覆色的再处理，不仅使面层焕然一新，还具有人工饰面的美。

水泥缝石板块地面材料来源虽与一般碎拼石基本相同，但其加工、施工工艺复杂、细致，不仅要求石板拼缝吻合严密，而且，缝隙处理工艺讲究。石材面层要求凸凹一致，平整中有变化，铺贴完的路面具有色彩统一、质感一致、缝隙美观的效果。

水泥缝石板块地纹材料价格低，但加上制作工艺代价较高和施工周期长的特点，虽具有较好的环境效果，却限制了它的广泛应用，通常仅用于较高级的园林工程。

水泥缝石板块地纹如图 2-21 所示。

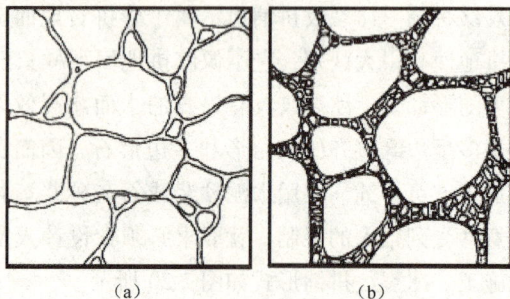

图 2-21　水泥缝石板块地纹

(a)水泥缝石板块拼铺；(b)石板块与碎石拼花

陶瓷广场砖铺地

广场砖多为陶瓷或琉璃质地，可以在路面组合成直线的矩形图案，也可以组合成圆形图案。广场砖比釉面墙地砖厚一些，其铺装路面的强度也大一些，装饰路面的效果比较好。

陶瓷铺地砖的品种很多，陶瓷铺地材料具有色调均匀、砖面平整、易于清洗、抗腐耐磨、施工方便等优点，其能满足设计创意在工程实施上的各种图案组合，有极好的技术表现和装饰效

果，特别适用于园林环境中的彩色地纹、艺术铺装和复杂地纹的
应用。陶瓷路面的缺点是防滑和抗冻性稍差，雨雪多的气候下慎
用。陶瓷路面的铺贴形式如图 2-22 所示。

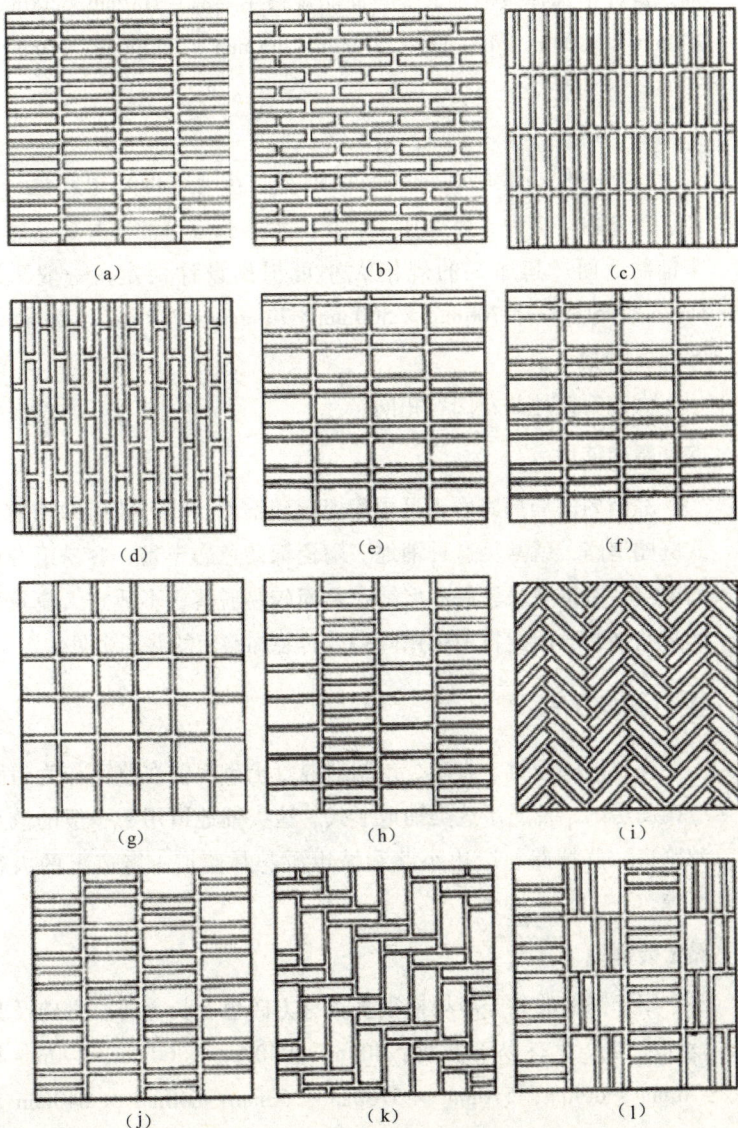

图 2-22　陶瓷路面的铺贴形式

釉面墙地砖铺地

釉面墙地砖有丰富的颜色和表面图案，尺寸规格也很多，在铺地设计中选择余地很大。其商品规格主要有：100mm×200mm、300mm×300mm、400mm×400mm、400mm×500mm、500mm×500mm等多种。

花岗石铺地

这是一种高级的装饰性地面铺装。花岗石可采用红色、青色、芝麻白等多种，要先加工成正方形、长方形的薄片状，才用来铺贴地面。其加工的规格大小可根据设计而定，一般采取500mm×500mm、700mm×500mm、700mm×700mm、600mm×900mm等尺寸。

大理石铺地与花岗石相同。

陶瓷锦砖铺地

庭园内的局部路面还可用陶瓷锦砖铺地，如古波斯的伊斯兰式庭园道路，就常见这种铺地。陶瓷锦砖色彩丰富，容易组合地面图纹，装饰效果较好；但铺在路面较易脱落，不适宜人流较多的道路铺装，因此目前采用陶瓷锦砖装饰路面的并不多见。

3.3 板材砌块铺装

用整形的板材、方砖、预制的混凝土砌块铺在路面作为道路结构面层的，都属于这类铺地形式。这类铺地适用于一般的散步游览道、草坪路、岸边小路和城市游憩林荫道、街道上的人行道等。

黏土砖铺地

用于铺地的黏土砖规格很多，有方砖也有长方砖。方砖及其设计参考尺寸有以下几种：400mm×400mm×60mm；470mm×470mm×60mm；570mm×570mm×60mm；640mm×640mm×96mm；768mm×768mm×144mm。长方砖如大城砖，480mm×

240mm × 130mm；二城砖，440mm × 220mm × 110mm；地趴砖，420mm × 210mm × 85mm；机制标准青砖，240mm × 120mm × 60mm。砖墁地时，用 30 ～ 50mm 厚细沙土或 3∶7 灰土作找平垫层。方砖墁地一般采取平铺方式，有错缝平铺和顺缝平铺两种做法。铺地的砖纹在古代建筑庭园中有多种样式，长方砖铺地既可平铺，也可仄立铺装，铺地砖纹也有多种样式。在古代，工艺精良的方砖价格昂贵，用于高等级建筑室内铺地，尤其被叫做"金砖墁地"，庭园地面满铺青砖的做法则叫"海墁地面"。

长条砖材铺装在园林中有悠久的历史，演绎出图纹繁多的拼组形式，如图 2-23 所示。

(a)　(b)　(c)

(d)　(e)　(f)

(g)　(h)　(i)

图 2-23　常见长条砖材的铺筑形式

板材铺地

　　打凿整形的石板和预制的混凝土板都能用作路面的结构面层。这些板材常用于园路游览道的中带上，作路面的主体部分，也常用作较小场地的铺地材料。石材铺装常见形式包括方形板的对缝铺装、长形板的错缝铺装及块石与碎石的拼铺等。

　　方形板的对缝铺装　方形板的对缝铺装如图 2-24 所示。

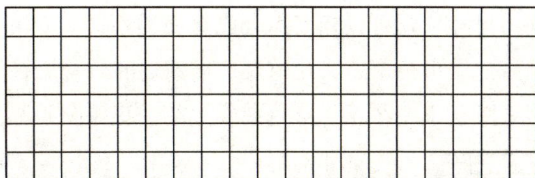

图2-24　方形板的对缝铺装

长形板的错缝铺装　长形板的错缝铺装如图2-25所示。

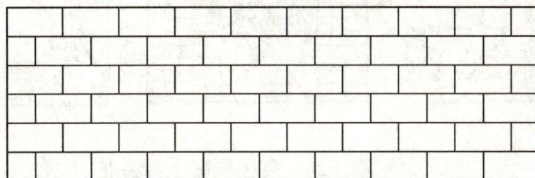

图2-25　长形板的错缝铺装

石板　一般被加工成497mm×497mm×50mm、697mm×497mm×60mm、997mm×697mm×70mm等规格，其下直接铺30~50mm的沙土作找平的垫层，可不做基层；或者以沙土层作为间层，在其下设置80~100mm厚的碎(砾)石层作基层。石板下不用砂土垫层，而用1:3水泥沙浆或4:6石灰沙浆作结合层，可以确保面层更坚固和稳定。

预制混凝土板　其规格尺寸按照具体设计而定，常见有497mm×497mm、697mm×697mm等规格，铺砌方法同石板一样。不加钢筋的混凝土板其厚度不要小于80mm。加钢筋的混凝土板最小厚度可仅60mm，所加钢筋一般用直径6~8mm的，间距200~250mm，双向布筋。预制混凝土铺砌板的顶面常加工成光面、彩色水磨石面或露骨料面。

预制砌块铺装

用凿打整形的石块或用预制的混凝土砌块铺地，也是作为园路结构面层使用的。混凝土砌块可设计为各种形状、各种颜色和各种规格尺寸，还可以相互组合成路面的不同图纹和不同装饰色块，是目前城市街道、人行道及广场铺地的最常见材料之一。

彩色混凝土砖拼花　彩色混凝土砖拼花如图 2-26 所示。

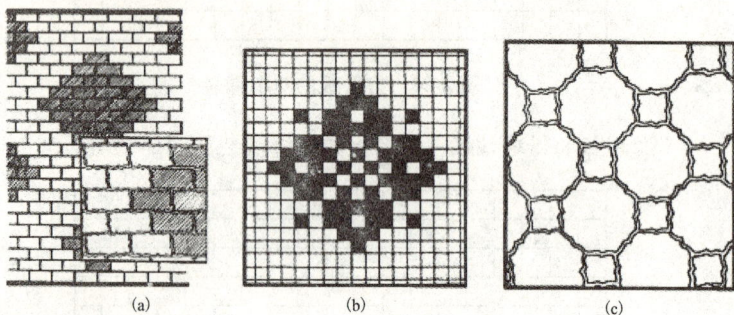

(a)　　　　　　　(b)　　　　　　　(c)

图 2-26　彩色混凝土砖拼花

混凝土方砖　其形状为正方形，常见规格有 297mm × 297mm × 60mm、397mm × 397mm × 60mm 等，表面经翻模加工为方格纹或其他图纹，用 30mm 厚细沙土作找平垫层铺砌。混凝土方形砖铺装形式如图 2-27 所示。

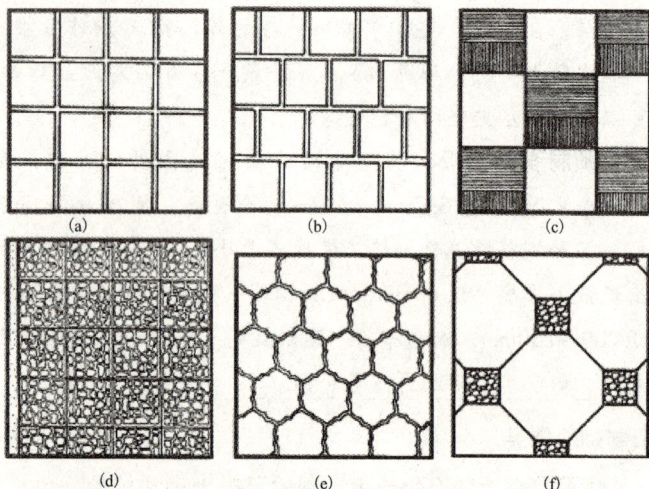

(a)　　　　　　　(b)　　　　　　　(c)

(d)　　　　　　　(e)　　　　　　　(f)

图 2-27　常见混凝土方形砖铺装形式

彩色混凝土场地砖　彩色混凝土场地砖的拼贴如图 2-28
所示。

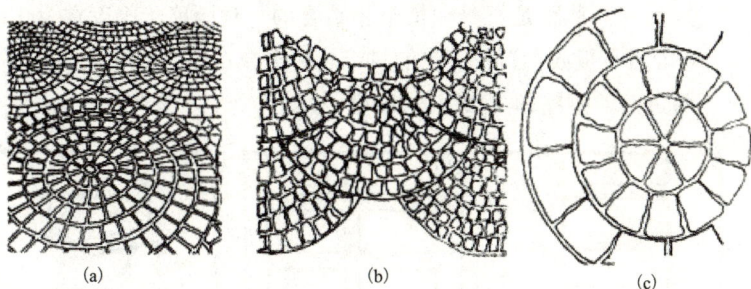

(a)　　　　　　　　(b)　　　　　　　　(c)

图 2-28　彩色混凝土场地砖的拼贴

预制路牙铺装

路牙铺装在道路边缘，起保护路面作用，有用石材凿打整形
为长条形的，也有按设计用混凝土预制的。

3.4　嵌草铺装

预制混凝土砌块嵌草铺装

预制混凝土砌块和草皮相间铺装路面，能够很好地透水透
气；绿色草皮呈点状或线状有规律地分布，在路面形成好看的绿
色纹理，美化了路面。这种具有鲜明生态特点的路面铺装形式，
现在已越来越受到人们的欢迎。采用砌块嵌草铺装的路面主要用
在人流量不太大的公园散步道、小游园道路、草坪道路或庭园内
道路等处，一些铺装场地如停车场等也可采用这种路面。

预制混凝土砌块按照设计可有多种形状，大小规格也有很多
种，也可做成各种彩色的砌块，但其厚度都不小于 80mm，一般
厚度设计为 100～150mm。砌块的形状基本可分为空心的和实心
的两类。

由于砌块是在相互分离状态下构成路面，使得路面尤其是在
边缘部分容易发生歪斜、散落。因此，在砌块嵌草路面的边缘最
好要设置路牙加以规范和对路面起保护作用。另外，也可用板材

铺砌作为边带，使整个路面更加稳定，不易损坏。

石板嵌草铺装

石板嵌草路是石材和植草相结合的一种园路，厚度在 100 ~ 150 的岩石板或青石板间隔铺筑，然后再在石板间的缝土中种草。石板嵌草的拼铺形式如图 2-29 所示。

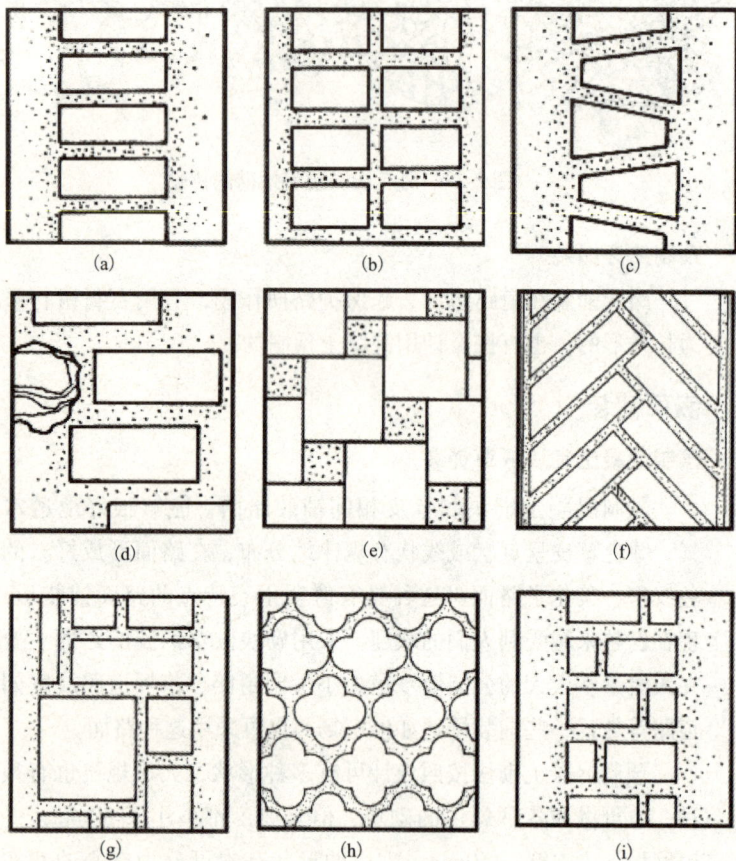

(a)

(b)

(c)

(d)

(e)

(f)

(g)

(h)

(i)

(j)　　　　　　　　(k)　　　　　　　　(l)

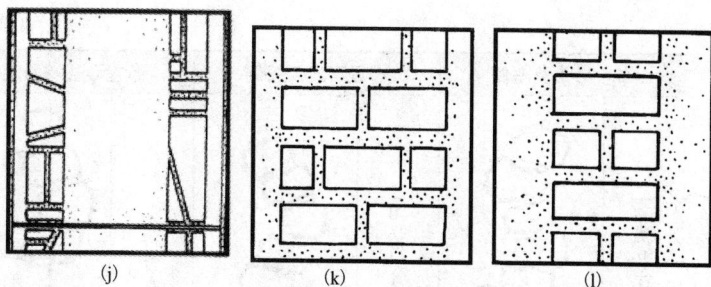

图2-29　石板嵌草路

3.5 步石

　　步石是置于地上的石块，多在草坪、林间、岸边或庭院等较小的园林空间中使用。步石由天然石板或修整的大小石块布置而成，具有随意、潇洒、轻松、活泼或自然有趣的环境效果。步石的布置形式见表2-2。

表2-2　步石的布置形式

布置形式及图例		布置形式及图例		布置形式及图例	
双联置石法		三联置石法		四联铺法	
四联斜置法		五联弯斜置法		五联纵直置石法	

布置形式及图例	布置形式及图例	布置形式及图例
二三联组合置石	三四联组合置石	蛇行置石
千鸟翔置法	自然随形置石法	S形自然置法
方形料石组合法	六角料石组合法	条料石置石法

（续）

布置形式及图例	布置形式及图例	布置形式及图例
平料条石置石法	 平料异形组合法	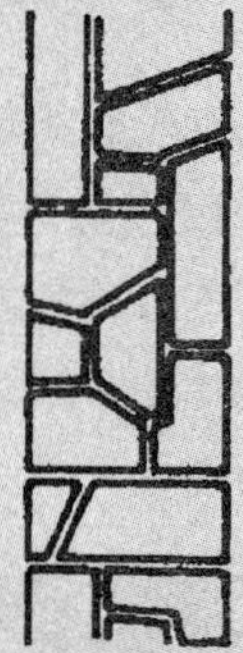 料石、砂砾铺法 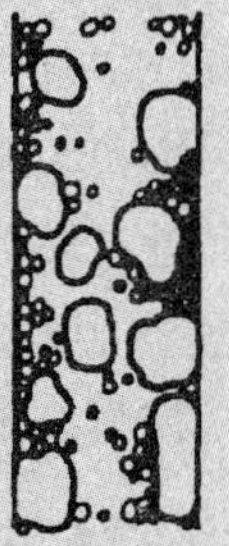
多种料石组合的装饰性步石路	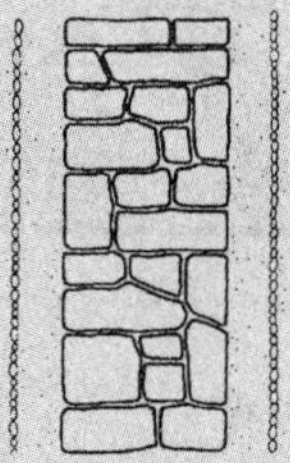 装饰性的单行步石路	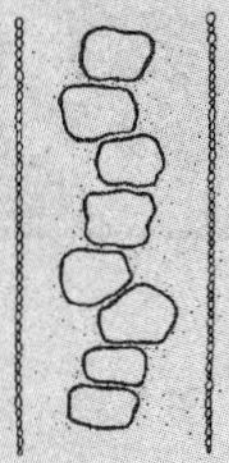 几何形置石法 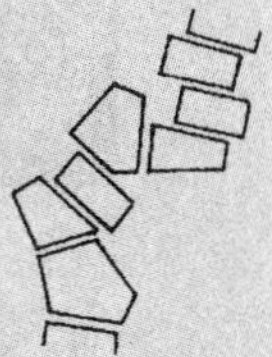
圆形组合法 		

3.6　卵石铺装

　　各种卵石都可以用于地面铺贴，园路是工程量大、耗材最多的卵石施工项目。除了有特殊拼花装饰要求的以外，一般卵石路面要求卵石颗粒大小均匀、色彩尽量一致。

　　应严格按照设计图案精确放大样，并请设计人员现场确认符合要求后方可施工。铺贴时，要求将卵石嵌入砂浆大于1/2，除了大型卵石有横向铺贴要求外，一般粒径的卵石应竖向接拼排列，不得平铺。

卵石园路不仅具有较好的装饰性和粗犷的质感，还具有光线柔和、排水性能好和雨天防滑等优点。由于其颗粒和卵形特征，近年来，又被广泛用于有足疗效果的健身场地和保健园路。

卵石的铺装形式如图2-30所示。卵石还可以与石板进行拼花铺装，如图2-31所示。

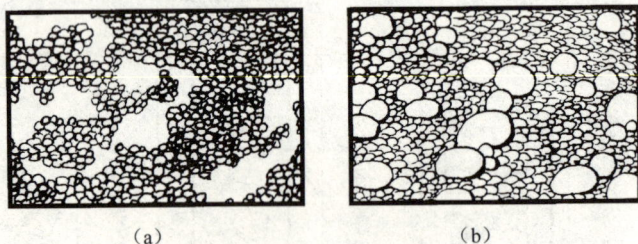

（a）　　　　　　　　　　　（b）

图 2-30　卵石的铺装形式

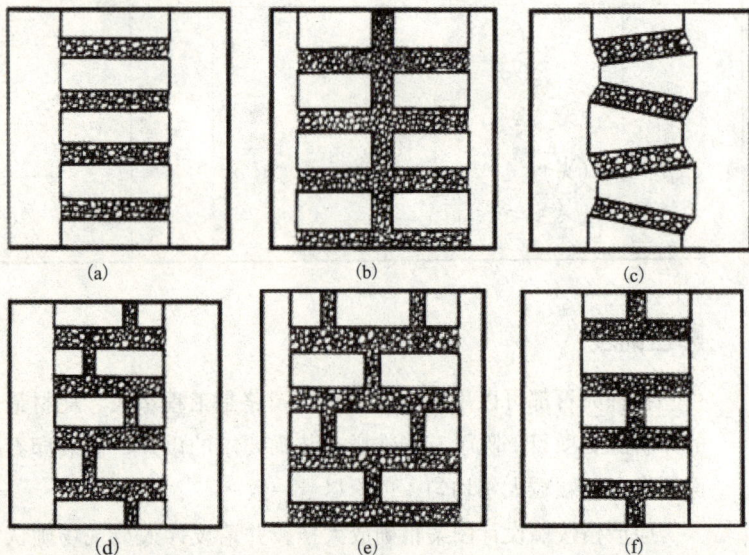

（a）　　　　　　（b）　　　　　　（c）

（d）　　　　　　（e）　　　　　　（f）

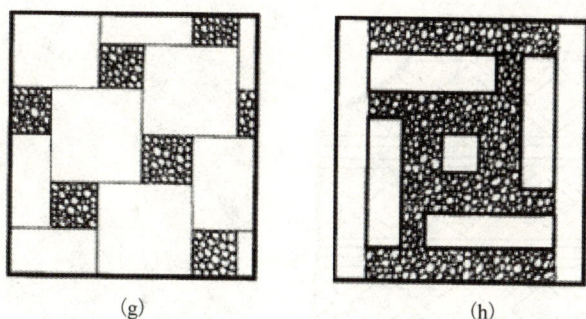

(g)　　　　　　　　　　(h)

图 2-31　石板与卵石拼花形式

3.7　砖石镶嵌铺装

用砖、石子、瓦片、碗片等材料，通过镶嵌的方法将园路的结构面层做成具有美丽图案纹样的路面，这种做法在古代被叫做"花街铺地"。采用花街铺地的路面，其装饰性很强，趣味浓郁，但费时费工，造价较高，而且路面也不便行走。因此，只在人流不多的庭院道路和一部分园林游览道上才采用这种铺装形式。

镶嵌铺装中，一般用立砖、小青瓦瓦片来镶嵌出线条纹样，并组合成基本的图案。再用各色卵石、砾石镶嵌作为色块，填充图形大面，并进一步修饰铺地图案。我国古代花街铺地的传统图案纹样种类颇多，有几何纹、蔓草纹、太阳纹、莲花纹、蝴蝶纹、涡纹、如意纹、回字纹、寿字纹等，还有镶嵌出人物事件图像的铺地。

图 2-32　几何纹铺地砖

图 2-33　蔓草纹

图 2-34　太阳纹

（a）

（b）

（c）

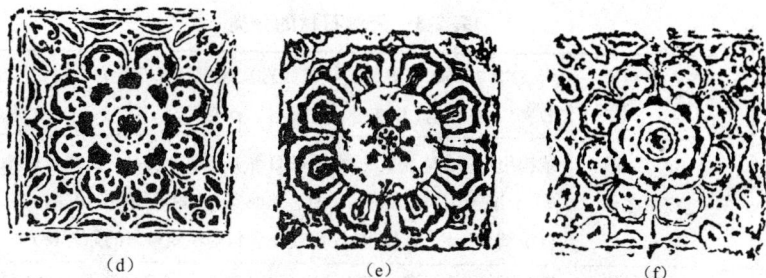

图 2-35　莲花纹

图 2-36　回字纹

4　铺装材料

4.1　砖石材料

天然石材

由天然岩石开采的，经加工或未加工的石材称天然石材。

天然石材的分类　天然石材的分类见表2-3。

表2-3　天然石材的分类

按地质成因分	岩浆岩(花岗岩、辉绿岩、玄武岩)、沉积岩(石灰岩、白云岩、砂岩)、变质岩(片麻岩、大理岩、石英岩)
按用途分	结构用材(墙体、柱、梁、基础等)、构造用材(栏杆、护板等)、装饰用材(墙面、柱面、地面等)、耐磨用材(道路路面、台阶踏步等)、其他用材(混凝土骨料等建筑材料的原材料)
按石材使用形态分	散粒石材(沙、碎石等)、块状石材(毛石等)、整形石材(料石、条石、石板等)等

天然石材的性能　天然石材的性能见表2-4。

表2-4　天然石材的性能

表观密度	石材按表观密度大小分为重石和轻石两类。表观密度大于$1800kg/m^3$的为重石,表观密度小于$1800kg/m^3$的为轻石。砌筑用石材大都是表观密度大于$2000kg/m^3$的重石
吸水率	一般的石灰岩、花岗岩的吸水率都不超过1%
耐水性	石材的耐水性按软化系数分为高、中、低三等。密实的石材属高耐水性石材,软化系数K_R大于0.90,中耐水性石材的软化系数为$0.7\sim0.9$,低耐水性的软化系数为$0.6\sim0.7$
抗渗性、抗冻性	密实的石材抗渗性很好。因吸水率小,强度又高,故抗冻性很好。吸水率小于0.5%的石材可免作抗冻性检验
耐热性	石材被分解或被破坏的温度较高。石灰岩为900℃,花岗岩为700℃
导热性	密实的石材热导率高达$2.9\sim3.5W/(m\cdot K)$
强度	密实的石材强度高,尤其是抗压强度,高达200MPa,一般为$40\sim100MPa$。石材的抗压强度是用边长为70mm的立方体试件,一组三块,在水饱和状态下所测得的抗压极限强度的平均值表示。强度等级代号为MU。可分为以下九个等级:MU10、MU15、MU20、MU30、MU40、MU50、MU60、MU80、MU100。试块也可采用其他尺寸的立方体,但应对试验结果乘以相应的换算系数后才可作为石材的强度等级。
冲击韧度	一般的石材抗冲击韧度较差

（续）

硬度、耐磨性	密实的天然石材，多数硬度较高。石灰岩的莫氏硬度为 5 左右；石英岩、花岗岩的莫氏硬度为 6～7 左右。硬度大且冲击韧度高的岩石，具有良好的耐磨性

常用石材

花岗岩　花岗岩为典型的深成岩，是岩浆岩中分布最广的一种岩石。主要由长石、石英和少量暗色矿物及云母（或角闪石等）组成，其中长石含量为 40%～60%，石英含量为 20%～40%。

花岗岩表观密度为 2600～2800kg/m³，孔隙率小（0.04%～2.8%），吸水率极低（0.11%～0.7%），抗压强度高达 120～250MPa，材质坚硬，肖氏硬度 80～100，具有优异的耐磨性，对酸具有高度的抗腐性，对碱类侵蚀也有较强的抵抗力，耐久性很高，一般使用年限达 75～200 年，细粒花岗岩的使用年限甚至可达到 500～1000 年之久。但花岗岩的耐火性较差，当温度达 800℃以上，花岗岩中的二氧化硅晶体产生晶形转化，使体积膨胀，故发生火灾时，花岗岩会发生严重开裂而破坏。

花岗岩不易风化，颜色美观，外观色泽可保持百年以上，由于其硬度高、耐磨损，除了用作高级建筑装饰工程、大厅地面外，还是露天雕刻的首选之材。花岗岩石材常制作成块状石材和板状饰面石材，块状石材用于重要的大型建筑物的基础、勒脚、柱子、栏杆、踏步等部位以及桥梁、堤坝等工程中，是建造永久性工程、纪念性建筑的良好材料。如毛主席纪念堂的台基为红色花岗岩，象征着红色江山坚如磐石。板材石材质感坚实，华丽庄重，是室内外高级装饰装修板材。

大理石　大理石是指具有装饰功能，并可磨光、抛光的各种沉积岩和变质岩。大理岩、石英岩、蛇纹岩、石炭岩、砂岩、白云岩等均可加工成大理石。

大理石表观密度为 2600～2700kg/m³，抗压强度为 100～150MPa，但硬度不大（肖氏硬度约 50 左右），较易进行锯解、雕琢和磨光等加工。吸水率一般不超过1%，耐久性好，一般使用年限为40~100年；装饰性好，因通常含多种矿物而呈多姿多彩的花纹；但其抗风化性能差，大多数大理石的主要化学成分是碳酸盐类，易被酸侵蚀。

大理石一般均含多种矿物质，常呈多种色彩组成的花纹。抛光后的大理石光洁细腻，如脂似玉，色彩绚丽，纹理自然，十分诱人。纯净的大理石为白色，称汉白玉，纯白或纯黑的大理石属名贵品种。大理石荒料经锯切、研磨和抛光等加工工艺可制作大理石板材，主要用于建筑物室内饰面，如墙面、地面、柱面、台面、栏杆和踏步等。

石灰岩　石灰岩俗称"青石"，是沉积岩的一种。主要化学成分为 $CaCO_3$，主要矿物成分为方解石，但常含有白云石、菱镁矿、石英、含铁矿物、黏土矿等，表观密度为 2600~2800kg/m^3，抗压强度为 80~160MPa，吸水率为 2%~10%。若岩石中黏土含量不超过 3%~4% 时，也有较好的耐水性和抗冻性，但也有松散状的或多孔状的石灰岩。

石灰岩来源广，硬度低，易劈裂，便于开采，具有一定的强度和耐久性，因而广泛用于建筑工程中。其块石可作为建筑物的基础、墙身、阶石及路面等，其碎石是常用的混凝土骨料。此外，它也是生产水泥和石灰的主要原料。

由石灰岩加工而成的"青石板"造价不高，表面能保持劈裂后的自然形状，加之多种色彩的搭配，作为墙面装饰板材，具有独特的自然风格。

砂岩　砂岩属沉积岩，它是由石英砂或石灰岩等的细小碎屑（直径 0.1~0.2mm）经沉积并重新胶结而形成的岩石，砂岩的主要矿物为石英、云母及黏土等。根据胶结物的不同，砂岩可分为硅质砂岩、钙质砂岩、铁质砂岩、黏土质砂岩。硅质砂岩由氧化硅胶结而成，常呈淡灰色；钙质砂岩由碳酸钙胶结而成，呈白色；铁质砂岩由氧化铁胶结而成，常呈红色；黏土质砂岩由黏土胶结而成，常呈黄灰色。

各种砂岩因胶结物质和构造的不同，其抗压强度（5～200MPa）、表观密度（2200～2500kg/m³）、孔隙率（1.6%～28.3%）、吸水率（0.2%～7.0%）、软化系数（0.44～0.97）等性质差异很大。建筑工程中，砂岩常用于基础、墙身、人行道和踏步等，也可破碎成散粒状用作混凝土骨料。纯白色砂岩俗称白玉石，可用作雕刻及装饰材料。

砌墙砖

砌墙砖是指以黏土、工业废料或其他地方资源为主要原料，用不同工艺制成的，用于砌筑的承重和非承重墙体的墙砖。

常用砌墙砖 砌墙砖可分为普通砖和空心砖两大类。根据生产工艺，砌墙砖又可分烧结砖和非烧结砖。具体见表2-5。

砌墙砖的规格尺寸 砌墙砖的规格尺寸见表2-6。

表2-5 砌墙砖分类

烧结砖	经烧结而制成的砖，主要有：黏土砖、页岩砖、煤矸石等普通砖和烧结多孔砖、烧结空心砖和空心砌块
非烧结砖	主要有非烧结普通黏土砖、粉煤灰砖、蒸压灰砂砖、蒸压粉煤灰砖、炉渣砖和碳化砖等

表2-6 砌墙砖的规格表 （mm）

名称	长	宽	厚
普通砖	240	115	53
空心砖	190	190	90
	240	115	90
	240	180	115

砌墙砖品种

烧结普通砖 烧结普通砖是以黏土、页岩、煤矸石、粉煤灰为主要原料经成型、焙烧而制成的（以下简称砖）。

①分类：按主要原料分为黏土砖（N）、页岩砖（Y）、煤矸石砖（M）和粉煤灰砖（F）。

②等级：根据抗压强度分为MU30、MU25、MU20、MU15、

MU10 五个强度等级。

> 强度、抗风化性能和放射性物质合格的砖，根据尺寸偏差、外观质量、泛霜和石灰爆裂分为优等品(A)、一等品(B)、合格品(C)三个质量等级。
>
> 优等品适用于清水墙和装饰墙，一等品、合格品可用于混水墙。中等泛霜的砖不能用于潮湿部位。

③规格：砖的外形为直角六面体，其公称尺寸为长 240mm、宽 115mm、高 53mm。

④产品标记：砖的产品标记按产品名称、类别、强度等级、质量等级和标准编号顺序编写。

⑤尺寸偏差：应符合表 2-7 规定。

⑥外观质量：应符合表 2-8 的规定。

表 2-7　尺寸允许偏差　　　　　　　　(mm)

公称尺寸	优等品		一等品		合格品	
	样本平均偏差	样本极差小于等于	样本平均偏差	样本极差小于等于	样本平均偏差	样本极差小于等于
240	±2.0	6	±2.5	7	±3.0	8
115	±1.5	5	±2.0	6	±2.5	7
53	±1.5	4	±1.6	5	±2.0	6

表 2-8　外观质量　　　　　　　　(mm)

项目		优等品	一等品	合格品
两条面高度差	≤	2	3	4
弯曲	≤	2	3	4
杂质凸出高度	≤	2	3	4
缺棱掉角的三个破坏尺寸，不得同时大于		5	20	20

（续）

项目		优等品	一等品	合格品
裂纹长度	1）大面上宽度方向及其延伸至条面的长度　≤	30	60	80
	2）大面上长度方向及其延伸至顶面的长度或条顶面上水平裂纹的长度　≤	50	80	100
完整面，不得少于		二条面和二顶面	一条面和二顶面	—
颜色		基本一致	—	—

注：1. 为装饰而施加的色差，凹凸纹、拉毛、压花等不算作缺陷。

　　2. 凡有下列缺陷之一者，不得称为完整面：

　　①缺损在条面或顶面上造成的破坏面尺寸同时大于 10mm×10mm。

　　②条面或顶面上裂纹宽度大于 1mm，其长度超过 30mm。

　　③压陷、粘底、焦花在条面或顶面上的凹陷或凸出超过 2mm，区域尺寸同时大于 10mm×10mm。

蒸压灰砂砖　蒸压灰砂砖是以石灰和沙为主要原料，允许掺入颜料和外加剂，经坯料制备、压制成型、蒸压养护而成的实心砖。

①分类：根据灰砂砖的颜色分为彩色的（Co）和本色的（N）两类。

②规格：砖的外形为直角六面体；砖的公称尺寸为长度 240mm，宽度 115mm，高度 53mm。生产其他规格尺寸产品，由用户与生产厂协商确定。

③等级：强度级别根据抗压强度和抗折强度分为 MU25、MU20、MUl5、MU10 四级；质量等级根据尺寸偏差和外观质量、强度及抗冻性分为优等品（A）、一等品（B）、合格品（C）。

④产品标记：灰砂砖产品标记采用产品名称（LSB）、颜色、强度级别、产品等级、标准编号的顺序进行。

⑤用途：MUl5、MU20、MU25 的砖可用于基础及其他建筑；MU10 的砖仅可用于防潮层以上的建筑。

灰砂砖不得用于长期受热200℃以上、受急冷急热和有酸性介质侵蚀的建筑部位。

⑥尺寸偏差和外观：应符合表2-9的规定。

⑦颜色：颜色应基本一致，无明显色差，但对本色灰砂砖不作规定。

⑧抗压强度和抗折强度：应符合表2-10的规定。

⑨抗冻性：应符合表2-11的规定。

表2-9 尺寸偏差和外观

项目			指标		
			优等品	一等品	合格品
尺寸允许偏差(mm)	长度	L	±2	±2	±3
	宽度	B	±2		
	高度	H	±1		
缺棱掉角	个数(个)，不得多于		1	1	2
	最大尺寸(mm) ≤		10	15	20
	最小尺寸(mm) ≤		5	10	10
	对应高度差(mm)≤		1	2	3
裂纹	条数，不多于(条)		1	1	2
	大面上宽度方向及其延伸到条面的长度(mm) ≤		20	50	70
	大面上长度方向及其延伸到顶面上的长度或条、顶面水平裂纹的长度(mm) ≤		30	70	100

表2-10 力学性能 （MPa）

强度级别	抗压强度		抗折强度	
	平均值不小于	单块值不小于	平均值不小于	单块值不小于
MU25	25.0	20.0	5.0	4.0
MU20	20.0	16.0	4.0	3.2
MU15	15.0	12.0	3.3	2.6
MU10	10.0	8.0	2.5	2.0

注：优等品的强度级别不得小于MU15。

表 2-11 抗冻性指标

强度等级	冻后抗压强度（MPa）平均值不小于	单块砖的干质量损失（%）不大于
MU25	20.0	2.0
MU20	16.0	2.0
MU15	12.0	2.0
MU10	8.0	2.0

注：优等品的强度级别不得小于 MU15。

粉煤灰砖　粉煤灰砖是以粉煤灰、石灰或水泥为主要原料，掺加适量石膏、外加剂、颜料和骨料等，经坯料制备、成型、高压或常压蒸汽养护而制成的实心砖。

①分类：按砖的颜色分为本色（N）和彩色（Co）两类。

②规格：砖的外形为直角六面体。砖的公称尺寸为：长240mm、宽115mm、高53mm。

③等级：强度等级分为 MU30、MU25、MU20、MU15、MU10；质量等级根据尺寸偏差、外观质量、强度等级、干燥收缩分为优等品（A）、一等品（B）、合格品（C）。

④产品标记：粉煤灰砖产品标记按产品名称（FB）、颜色、强度等级、质量等级、标准编号顺序编写。

⑤用途：粉煤灰砖可用于工业与民用建筑的墙体和基础，但用于基础或用于易受冻融和干湿交替作用的建筑部位必须使用MU15 及以上强度等级的砖。粉煤灰砖不得用于长期受热（200℃以上）、受急冷急热和有酸性介质侵蚀的建筑部位。

⑥尺寸偏差和外观：应符合表 2-12 的规定。

⑦色差：色差应不显著。

⑧强度等级：应符合表 2-13 的规定，优等品砖的强度等级应不低于 MU15。

⑨抗冻性：应符合表 2-14 的规定。

表 2-12　尺寸偏差和外观　　　　　　　　　（mm）

项目	指标		
	优等品（A）	一等品（B）	合格等品（C）
尺寸允许偏差：			
长	±2	±3	±4
宽	±2	±3	±4
高	±1	±2	±3
对应高度差 ≤	1	2	3
缺棱掉角的最小破坏尺寸 ≤	10	15	20
完整面①，不少于	二条面和一顶面或二顶面和一条面	一条面和一顶面	一条面和一顶面
裂纹长度 1）大面上宽度方向的裂纹（包括延伸到条面上的长度）≤	30	50	70
2）其他裂纹 ≤	50	70	100
层裂	不允许		

注：①在条面或顶面上破坏面的两个尺寸同时大于10mm×20mm者为非完整面。

表 2-13　粉煤灰砖强度指标

强度等级	抗压强度（MPa）		抗折强度（MPa）	
	10 块平均值大于等于	单块值大于等于	10 块平均值大于等于	单块值大于等于
MU30	30.0	24.0	6.2	5.0
MU25	25.0	20.0	5.0	4.0
MU20	20.0	16.0	4.0	3.2
MU15	15.0	12.0	3.3	2.6
MU10	10.0	8.0	2.5	2.0

表 2-14 粉煤灰砖抗冻性

强度等级	抗压强度(MPa) 平均值大于等于	砖的干质量损失(%) 单块值小于等于
MU30	24.0	
MU25	20.0	
MU20	16.0	2.0
MU15	12.0	
MU10	8.0	

烧结多孔砖 烧结多孔砖是以黏土、页岩、煤矸石、粉煤灰为主要原料,经焙烧而成,主要用于承重部位的多孔砖(以下简称砖)。

①分类:按砖的主要原料分为黏土砖(N)、页岩砖(Y)、煤矸石砖(M)和粉煤灰砖(F)。

②规格:砖的外形为直角六面体。长度、宽度、高度尺寸(mm)应符合下列要求:290、240、190、180;175、140、115、90。其他规格尺寸由供需双方协商确定。

③孔洞尺寸:应符合表 2-15 的规定。

表 2-15 孔洞尺寸 (单位:mm)

圆孔直径	非圆孔内切圆直径	手抓孔
≤22	≤15	(30~40)×(75~85)

④质量等级:根据抗压强度分为 MU30、MU25、MU20、NU15、MU10 五个强度等级;强度和抗风化性能合格的砖,根据尺寸偏差、外观质量、孔型及孔洞排列、泛霜、石灰爆裂分为优等品(A)、一等品(B)和合格品(C)三个质量等级。

⑤产品标记:砖的产品标记按产品名称、品种、规格、强度等级、质量等级和标准编号顺序编写。

⑥尺寸允许偏差:应符合表 2-16 的规定。

⑦外观质量:应符合表 2-17 的规定。

⑧强度等级:应符合表 2-18 的规定。

表2-16　尺寸允许偏差　　　　　　　　（mm）

尺寸	优等品		一等品		合格品	
	样本平均偏差	样本极差小于等于	样本平均偏差	样本极差小于等于	样本平均偏差	样本极差小于等于
290、240	±2.0	6	±2.5	7	±3.0	8
190、180、175、140、115	±1.5	5	±2.0	6	±2.5	7
90	±1.5	4	±1.7	5	±2.0	6

表2-17　外观质量　　　　　　　　（mm）

项目	优等品（A）	一等品（B）	合等品（C）
颜色（一条面和一顶面）	一致	基本一致	—
完整面不得少于	一条面和一顶面	一条面和一顶面	—
缺棱掉角的三个破坏尺寸不得同时大于	15	20	30
裂纹长度			
1)大面上深入孔壁15mm以上宽度方向及其延伸到条面的长度　≤	60	80	100
2)大面上深入孔壁15mm以上长度方向及其延伸到顶面的长度　≤	60	100	120
3)条顶面上的水平裂纹　≤	80	100	120
杂质在砖面上造成的凸出高度　≤	3	4	5

注：1. 为装饰而施加的色差、凹凸纹、拉毛、压花等不算缺陷。

2. 凡有下列缺陷之一者，不能称为完整面：

①缺损在条面或顶面上造成的破坏面尺寸同时大于20mm×30mm。

②条面或顶面上裂纹宽度大于1mm，其长度超过70mm。

③压陷、焦花、粘底在条面或顶面上的凹陷或凸出超过2mm，区域尺寸同时大于20mm×30mm。

表 2-18　强度等级　　　　　　　（mm）

强度等级	抗压压度平均值 f 大于等于	变异系数 δ≤0.21 强度标准值 f_k 大于等于	变异系数 δ>0.21 单块最小抗压强度值 f_{min} 大于等于
MU30	30.0	22.0	25.0
MU25	25.0	18.0	22.0
MU20	20.0	14.0	16.0
MU15	15.0	10.0	12.0
MU10	10.0	6.5	7.5

　　烧结空心砖和空心砌块　烧结空心砖和空心砌块是以黏土、页岩、煤矸石、粉煤灰为主要原料，经成型、焙烧而成。主要用于建筑物非承重部位的空心砖和空心砌块（以下简称砖和砌块）。

　　①分类：按主要原料分为黏土砖和砌块（N）、页岩砖和砌块（Y）、煤矸石砖和砌块（M）、粉煤灰砖和砌块（F）。

　　②规格：砖和砌块的外形为直角六面体，如图 2-37。长度、宽度、高度尺寸（mm）应符合下列要求：390，290，240，190，180（175），140，115，90。其他规格尺寸由供需双方协商确定。

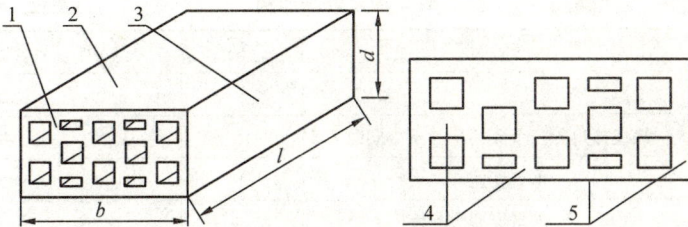

图 2-37　烧结空心砖和空心砌块示意图

1—顶面；2—大面；3—条面；4—肋；5—壁；

l—长度；b—宽度；d—高度

　　③等级：抗压强度分为 MU10.0、MU7.5、MU5.0、MU3.5、MU2.5 五个强度等级；体积密度分为 800 级、900 级、1000 级、1100 级。

　　强度、密度、抗风化性能和放射性物质合格的砖和砌块，根据尺寸偏差、外观质量、孔洞排列及其结构、泛霜、石灰爆裂、吸水率分为优等品（A）、一等品（B）和合格品（C）三个质量等级。

　　④产品标记：砖和砌块的产品标记按产品名称、类别、规格、密度等级、强度等级、质量等级和标准编号顺序编写。

　　⑤尺寸偏差：应符合表2-19的规定。

　　⑥外观质量：应符合表2-20的规定。

表2-19　尺寸允许偏差　　　　　　　（单位：mm）

尺寸	优等品		一等品		合格品	
	样本平均偏差	样本极差小于等于	样本平均偏差	样本极差小于等于	样本平均偏差	样本极差不于等于
>300	±2.5	6.0	±3.0	7.0	±3.5	8.0
>200~300	±2.0	5.0	±2.5	6.0	±3.0	7.0
100~200	±1.5	4.0	±2.0	5.0	±2.5	6.0
<100	±1.5	3.0	±1.7	4.0	±2.0	5.0

表2-20　外观质量　　　　　　　（单位：mm）

项目	优等品	一等品	合等品
弯曲　　　　≤	3	4	5
缺棱掉角的三个破坏尺寸不得同时大于	15	30	40
垂直度差　　≤	3	4	5
未贯穿裂纹长度			
1)大面上宽度方向及其延伸到条面的长度　　≤	不允许	100	120
2)大面上长度方向或条面上水平方向的长度　　≤	不允许	120	140
贯穿裂纹长度			
1)大面上宽度方向及其延伸到条面的长度　　≤	不允许	40	60

（续）

项目	优等品	一等品	合等品
2）壁、肋沿长度方向、宽度方向及其水平方向的长度　≤	不允许	40	60
壁、肋内残缺长度　　　≤	不允许	40	60
完整面[①]，不少于	一条面和一大面	一条面和一大面	—

注：凡有下列缺陷之一者，不能成为完整面：

　　1. 缺损在大面、条面上造成的破坏面尺寸同时大于 20mm×30mm。

　　2. 大面、条面上裂纹宽度大于 1mm、长度超过 70mm。

　　3. 压陷、粘底、焦花在大面、条面上的凹陷或凸出超过 2mm，区域尺寸同时大于 20mm×30mm。

　　炉渣砖

　　①分类：炉渣砖按抗压强度分为 MU25、MU20、MU15 三个等级。

　　②规格：砖的外形为直角六面体，砖的公称尺寸为长度 240mm，宽度 115mm，高度 53mm。其他规格尺寸由供需双方协商确定。

　　③尺寸偏差：应符合表 2-21 的规定。

　　④外观质量：应符合表 2-22 的规定。

　　⑤强度等级应符合表 2-23 的规定。

　　⑥抗冻性应符合表 2-24 的规定。

　　⑦碳化性能应符合表 2-25 的规定。

　　⑧抗渗性：用于清水墙的砖，其抗渗性应符合表 2-26 的规定。

　　⑨其他

　　炉渣砖的干燥收缩率应不大于 0.06%。炉渣砖的耐火极限不小于 2.0h。

表 2-21　炉渣砖的尺寸偏差　　　　(单位：mm)

项目名称	合格品
长度	±2.0
宽度	±2.0
高度	±2.0

表 2-22　炉渣砖的外观质量　　　　(单位：mm)

项目名称		合格品
弯曲		不大于 2.0
缺棱掉角	个数(个)	≤1
	三个方向投影尺寸的最小值	≤10
完整面		不少于一条面和一顶面
裂缝长度 1)大面上宽度方向及其延伸到条面的长度		不大于 30
2)大面上长度方向及其延伸到顶面上的长度或条、顶面水平裂纹的长度		不大于 30
层裂		不允许
颜色		基本一致

表 2-23　炉渣砖的强度等级　　　　(单位：MPa)

强度等级	抗压强度平均值 f≥	变异系数 δ≤0.21 强度标准 f_k≥	变异系数 δ≥0.21 单块最小抗压强度 f_{min}≥
MU25	25.0	19.0	20.0
MU20	20.0	14.0	16.0
MU15	15.0	10.0	12.0

表 2-24　炉渣砖的抗冻性

强度等级	冻后抗压强度 MPa 平均值不小于	单块砖的干质量损失% 不大于
MU25	22.0	2.0
MU20	16.0	2.0
MU15	12.0	2.0

表 2-25　炉渣砖的碳化性能

强度等级	碳化后强度(MPa)平均值不小于
MU25	22.0
MU20	16.0
MU15	12.0

表 2-26　炉渣砖的抗渗性　　　　　　（单位：mm）

项目名称	指标
水面下降高度	三块中任一块不大于 10

4.2　胶凝材料

胶凝材料分类

铺地工程中用来将散粒材料(如沙和石子)或块状材料(如砖和石块)黏结成为整体的材料称为胶凝材料(或胶结材料)。按其化学组成一般可分为有机胶凝材料和无机胶凝材料两大类。

有机胶凝材料　常见的有机胶凝材料有石油沥青、煤沥青及各种天然和合成树脂等。

无机胶凝材料　按照硬化所需条件又可分为气硬性胶凝材料和水硬性胶凝材料。气硬性胶凝材料只能在空气中硬化，也只能在空气中保持和继续发展其强度，如石灰、石膏、水玻璃等。一般只适用于地上或干燥环境，不宜用于潮湿环境，更不能用于水中。水硬性胶凝材料不仅能在空气中，而且能更好地在水中硬化，并保持和继续发展其强度，如各种硅酸盐水泥，既能用于地上，也能用于地下或水中各种工程。

水泥

水泥泛指加水拌和成塑性浆体，能胶结沙、石等适当材料并能在空气和水中硬化的粉状无机水硬性胶凝材料。水泥是建筑业的基本材料，按其主要水硬性物质名称可分为硅酸盐水泥、铝酸盐水泥、硫铝酸盐水泥、铁铝酸盐水泥和氟铝酸盐水泥等；按其用途及性能可分为通用水泥、专用水泥及特性水泥三大类。

通用水泥 指一般土木建筑工程通常采用的水泥，即目前常用的硅酸盐水泥、普通硅酸盐水泥、矿渣硅酸盐水泥、火山灰质硅酸盐水泥、粉煤灰硅酸盐水泥及复合硅酸盐水泥。

专用水泥 指专门用途的水泥，主要有砌筑水泥、大坝水泥、道路水泥、油井水泥等。

特性水泥 指某种性能比较突出的水泥，主要有快硬水泥、白色水泥、中热水泥、低热水泥、低热矿渣水泥、膨胀水泥、抗硫酸盐硅酸盐水泥等。

5.3 混凝土与沙

混凝土

混凝土的组成 混凝土是工程建设的主要材料之一。广义的混凝土是指由胶凝材料、细骨料（沙）、粗骨料（石）和水按适当比例配制的混合物，经硬化而成的人造石材。但目前建筑工程中使用最为广泛的还是普通混凝土。普通混凝土是由水泥、水、沙、石以及根据需要掺入的各类外加剂与矿物混合材料组成的。

在普通混凝土中，沙、石起骨架作用，称为骨料，它们在混凝土中起填充作用和抵抗混凝土在凝结硬化过程中的收缩作用。水泥与水形成水泥浆，包裹在骨料表面并填充骨料间的空隙。在硬化前，水泥浆起润滑作用，赋予拌和物一定的和易性，便于施工；水泥浆硬化后，则将骨料胶结成一个坚实的整体，并具有一定的强度。

混凝土的特点 混凝土的特点如下。

易于加工成型 新拌混凝土有良好的可塑性和浇筑性，可满足设计要求的形状和尺寸。

可调整性强 因混凝土的性能决定于其组成材料的质量和组合情况，因此可通过调整各组成材料的品种、质量和组合比例，达到所要求的性能。即可根据使用性能的要求与设计来配置相应的混凝土。

膨胀系数　热膨胀系数与钢筋相近，且与钢筋有牢固的粘结力，二者可结合在一起共同工作，制成钢筋混凝土。

经久耐用，维修费用低　混凝土的缺点是自重大、比强度小、抗拉强度低、变形能力差和易开裂。

混凝土的分类

按表观密度分　具体见表 2-27。

表 2-27　混凝土按表观密度分类

重混凝土	表观密度大于 2600kg/m³，是用特别密实的重集料制成的混凝土，如重晶石混凝土等
普通混凝土	表观密度为 1950～2600kg/m³，是用天然的沙、石为集料制成的混凝土
轻混凝土	表观密度小于 1950kg/m³，又分为轻集料混凝土（干表观密度 800～1500kg/m³，采用轻集料如浮石、火山渣、膨胀珍珠岩等制成的混凝土）、多孔混凝土（干表观密度 300～1000kg/m³，如加气混凝土及泡沫混凝土等）、大孔混凝土（在混凝土组成中不加或少加细集料制成的混凝土）

按胶凝材料分　无机胶凝材料混凝土，如水泥混凝土、石膏混凝土等；有机胶凝材料混凝土，如沥青混凝土、聚合物混凝土等。

按使用功能分　有防水混凝土、结构混凝土、耐热混凝土、耐酸混凝土、耐碱混凝土、装饰混凝土和防辐射混凝土等。

按施工工艺分　有普通浇筑混凝土、喷射混凝土、离心成型混凝土、泵送混凝土等。

按配筋情况分　有素混凝土、钢筋混凝土、劲性混凝土、纤维混凝土、预应力混凝土等。

按拌和物的流动性分　有干硬性混凝土、塑性混凝土和流动性混凝土等。

按掺合料分　有粉煤灰混凝土、硅灰混凝土、碱矿混凝土和纤维混凝土等。

工程用沙

由天然风化、水流搬运和分选、堆积形成或经机械粉碎、筛分制成的粒径小于 4.75mm 的岩石颗粒，但不包括软质岩、风化岩石的颗粒。

沙的分类　沙可按产地、细度模数和加工方法分类。

按产地不同分　可分为河沙、海沙和山沙，见表 2-28。

表 2-28　沙按产地不同分类

河沙	因长期受流水冲洗，颗粒成圆形，一般工程大都采用河沙
海沙	因长期受海水冲刷，颗粒圆滑，较洁净，但常混有贝壳及其碎片，且氯盐含量较高
山沙	存在于山谷或旧河床中，颗粒多带棱角，表面粗糙，石粉含量较多

按细度模数分　可分为粗沙、中沙、细沙、特细沙四级。

粗沙：$\mu_f = 3.7 \sim 3.1$

中沙：$\mu_f = 3.0 \sim 2.3$

细沙：$\mu_f = 2.2 \sim 1.6$

特细沙：$\mu_f = 1.5 \sim 0.7$

按其加工方法不同分　可分为天然沙和人工沙两大类，见表 2-29。

表 2-29　沙按加工方法分类

天然沙	不需加工而直接使用的，包括河沙、海沙和山沙
人工沙	将天然石材破碎而成的或加工粗集料过程中的碎屑

沙的技术要求　按照建设部标准《普通混凝土用沙、石质量及检验方法标准》（JGJ 52—2006）关于沙的技术要求有以下几方面。

沙的公称粒径及沙筛尺寸　沙筛应采用方孔筛，其尺寸要求应复合表 2-30 的规定。

表2-30　沙的公称粒径、沙筛筛孔的公称直径和孔边长尺寸

沙的公称粒径	沙筛筛孔的公称直径	方孔筛筛孔边长
5.00mm	5.mm	4.25mm
2.50mm	2.50mm	2.35mm
1.25mm	1.25mm	1.18mm
630μm	630μm	600μm
315μm	315μm	300μm
160μm	160μm	150μm
80μm	80μm	75μm

颗粒级配　除特细沙外，按公称直径630μm筛孔的累计筛余量，沙的颗粒级配可分为三个级配区，见表2-31。沙的颗粒级配应处于表2-31中的任何一个区以内，实际颗粒级配与表2-31中所列的累计筛余相比，除5.00mm和630μm外，其余公称粒径的累计筛余可略超出分界线，但总超出量不应大于5%。

表2-31　沙颗粒级配区

累计筛余(%) 公称粒径	Ⅰ区	Ⅱ区	Ⅲ区
5.00mm	10~0	10~0	10~0
2.50mm	35~5	25~0	15~0
1.25mm	65~35	50~10	25~0
630μm	85~71	70~41	40~16
315μm	95~80	92~70	85~55
160μm	100~90	100~90	100~90

配制混凝土宜优先选用Ⅱ区沙。当采用Ⅰ区沙时，应提高沙率，并保持足够的水泥用量，以确保混凝土的和易性；当采用Ⅲ区沙时，应适当降低沙率；当采用特细沙时，应符合相关规定。配制泵送混凝土，应选用中沙。

当天然沙的实际颗粒级配不符合要求时，应采取相应的措施并经过试验证明能确保工程质量，才被允许使用。

沙的适用范围　沙由于细度模数的不同，其特点和适用范围

也有所不同，具体见表 2-32。

表 2-32　沙的适用范围

粗沙	沙中粗颗粒过多，保水性差，适用于配制水泥用量较多或低流动性混凝土
中沙	粗细适宜，级配好，配制各类混凝土
细沙	配制的混凝土拌和物的黏聚性稍差，保水性好，但硬化后干缩较大，表面易产生裂缝

4.4　建筑陶瓷

陶瓷制品可分为陶质、瓷质和炻质三大类。最常用的建筑陶瓷制品有釉面砖、外墙面砖、地面砖、陶瓷锦砖、琉璃制品、陶瓷壁画及卫生陶瓷等。

墙地砖

墙地砖是以优质陶土原料加入其他材料配成生料，分有釉和无釉两种。墙地砖的表面质感多种多样，通过配料和改变制作工艺，可制成平面、麻面、毛面、刨光面、磨光面、纹点面、仿花岗石面、压花浮雕面、无光釉面、金属光泽面、防滑面、耐磨面等，以及丝网印刷、套花图案、单色、多色等多种制品。墙地砖主要用于建筑物外墙贴面和室内外地面装饰铺贴用砖。

陶瓷锦砖

俗称马赛克，它是指由边长不大于 40mm、具有多种色彩和不同形状的小块砖镶拼组成各种花色图案的陶瓷制品。陶瓷锦砖采用优质瓷土烧制成正方形、长方形、六角形等薄片状小块瓷砖后，再通过铺贴盒将其按设计图案反贴在牛皮纸上，称作一联，每联 305.5mm × 305.5mm 见方，每 40 联为一箱，每箱约 3.7m²。主要用于室内地面铺贴。

陶瓷劈离砖

以黏土为原料，经配料、真空挤压成型、烘干、焙烧、劈离

（将一块双联砖分为两块砖）等工序制成。该产品富于个性，古朴高雅，适用于墙面装饰。

5 铺装的施工流程

5.1 景观铺地工程的分项工程构成

景观铺地工程的分项工程构成如图2-38所示。

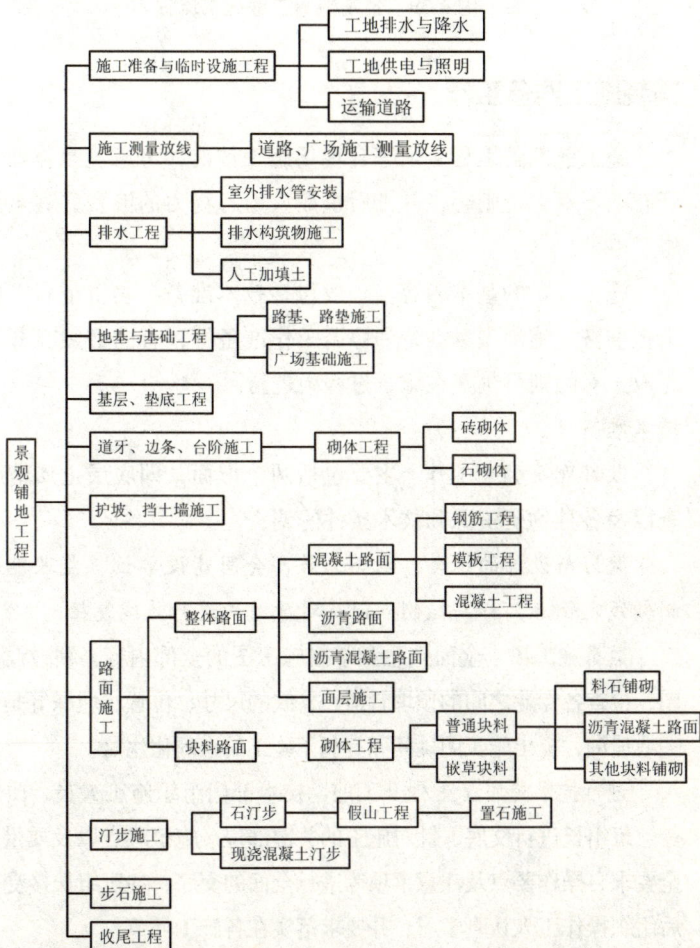

图 2-38 景观铺地工程的分项工程构成框架图

151

5.2 景观铺地工程施工流程

景观铺地工程施工流程如图 2-39 所示。

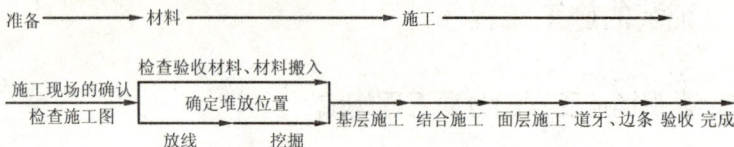

准备 ————→ 材料 ————————————→ 施工

施工现场的确认   检查验收材料、材料搬入

检查施工图   确定堆放位置   基层施工 结合施工 面层施工 道牙、边条 验收 完成

放线   挖掘

图 2-39 景观铺地工程施工流程

5.3 铺装施工准备工作

施工前准备工程必须综合现场施工情况，考虑流水作业，做到有条不紊。否则会在开工后造成人力、物力的浪费，甚至导致施工停歇。

施工准备的基本内容，一般包括技术准备、物资准备、施工组织准备、施工现场准备和协调工作准备等，有的必须在开工前完成，有的则可贯穿在施工过程中进行。

技术准备

做好现场调查工作 主要包括两个方面，即底层土质情况调查以及各种物资资源和技术条件的调查。

做好与设计的结合、配合工作，会同建设单位、监理单位引测轴线定位点、标高控制点以及对原结构进行放线复核

熟悉施工图 全面熟悉和掌握施工图的全部内容，领会设计意图，检查各专业之间的预埋管道、管线的尺寸、位置、埋深等是否统一或遗漏，提出施工图疑问和有利于施工的合理化建议。

进行技术交底 工程开工前，技术部门组织施工人员、质安人员、班组长进行交底，针对施工的关键部位、施工难点以及质量、安全要求、操作要点及注意事项等进行全面的交底，各班组长接受交底后组织操作工人认真学习，并要求落实在各施工环节。

及时提供现场所需材料 根据现场施工进度的要求及时提供

现场所需材料,以免因为材料短缺而导致停工。

物资条件准备

根据施工进度的安排和需要量,组织分期分批进场,按规定的地点和方式进行堆放。材料进场后,应按规定对材料进行试验和检验。

施工组织准备

施工组织准备主要包括以下四个方面:

①建立健全现场施工管理体制;

②现场设施布置应合理、具体、适当;

③劳动力组织计划表;

④主要机构计划表。

现场准备工作

现场准备工作进行的快慢,会直接影响工程质量和施工进展。现场开工前应做好以下主要工作:

修建房屋(临时工棚) 按施工计划确定修缮房屋数量或工棚的建筑面积。

场地清理 在园路工程涉及的范围内,凡是影响施工进行的地上、地下物均应在开工前进行清理,对于保留的大树应确定保护措施。

便道便桥 凡施工路线,均应在路面工程开工前做好维持通车的便道、便桥和施工车辆通行的便道、便桥(如通往料场、搅拌站地的便道)。

备料 现场备料多指自采材料的组织运输和收料堆放,但外购材料的调运和贮存工作也不能忽视。一般开工前进场材料应在70%以上。如果有运输能力,运输道路畅通,在不影响施工的条件下可随用随运。自采材料的备置堆放,应根据路面结构、施工方法和材料性质而定。

绘制图案

绘制图案是用木桩定出铺装图案的形状,调整好相互之间的距离，并将其固定，然后用铁锹切割出铺装图案的形状，开挖过程中尽可能保证基土的平整。

平整场地

勾勒出图案的边线后，用耙子平整场地，在此过程中还要在平整的场地上放置一块木板，将酒精水准仪放在上面。

铺设垫层

在平整后的基层上，先铺设一层粗沙(厚度大约为3cm)，再它的上层抹上一层约为6cm的水泥沙浆(混合比为7:1)，然后用木板将其压实、整平。

6 铺装的施工技术要点

6.1 沥青面层施工技术要点

下封层施工

①认真按验收规范对基层严格验收，如果有不合要求地段要求进行处理，认真对基层进行清扫，并用森林灭火器吹干净。

②在摊铺前对全体施工技术人员进行技术交底，明确职责，责任到人，使每个施工人员都对自己的工作心中有数。

③采用汽车式洒布机进行下封层施工。

沥青混合料的拌和

沥青混合料由间隙式拌和机拌制，骨料加热温度控制在175~190℃之间，后经热料提升斗运至振动筛，经33.5mm、19mm、13.2mm、5mm四种不同规格筛网筛分后储存到五个热矿仓中去。沥青采用导热油加热至160~170℃，五种热料及矿粉和沥青用料经生产配合比设计确定，最后吹入矿粉进行拌和，直至沥青混合料均匀一致，所有矿料颗粒全部裹覆沥青，结合料无花料，无结团或块或严重粗料细料离析现象为止。沥青混凝土的拌和时间由试拌确定，出厂的沥青混合料温度严格控制在155~170℃之间。

热拌沥青混合料运输

①汽车从拌和斗向运料车上放料时，每卸一斗混合料，挪动一下汽车的位置，以减少粗细骨料的离析现象。

②混合料运输车的运量较拌和或摊铺速度有所富余，施工过程中应在摊铺机前方 30cm 处停车，不能撞击摊铺机。卸料过程中应挂空档，靠摊铺机的推进前进。

③沥青混合料的运输必须快捷、安全，使沥青混合料到达摊铺现场的温度在 145～165℃ 之间，并对沥青混合料的拌和质量进行检查，当来料温度不符合要求或料已结团，遭雨淋湿不得铺筑在道路上。

沥青混合料的摊铺

①用摊铺机进行二幅摊铺，上下两层错缝 0.5m，摊铺速度控制在 2～4m/min。沥青下面层摊铺采用拉钢丝绳控制标高及平整度，上面层摊铺采用平衡梁装置，以确保摊铺厚度及平整度。摊铺速度按设置速度均衡行驶，并不得随意变换速度及停机，松铺系数根据试验段确定。正常摊铺温度应在 140～160℃ 之间。在上面层摊铺时，纵横向接缝口钉立 4cm 厚木条，确保接缝口顺直。

②摊铺过程中对于道路上的窨井，在底层料进行摊铺前用钢板进行覆盖，以防止在摊铺过程中遇到窨井而抬升摊铺机，确保平整度。在摊铺细料前，把窨井抬至实际摊铺高程。窨井的抬法应根据底层料摊铺情况及细料摊铺厚度结合摊铺机摊铺时的路情况来调升，以确保窨井与路面的平整度，不致出现跳车情况。对于细料摊铺过后积聚在窨井上的粉料应用小铲子铲除，清扫干净。

③对于路头的摊铺尽可能避免人工作业，而采用 LT6E 小型摊铺机摊铺，以确保平整度及混合料的均匀程度。

④在平石边摊铺时应略离平石 3mm，至少保平，对于搭接在平石上的混合料用铲子铲除，推耙推齐，保持一条直线。

沥青混合料摊铺过程中注意事项

① 汽车司机应与摊铺机手密切配合，防止车辆撞击摊铺机，使之偏位，或把料卸出机外，最好是卸料车的后轮距摊铺机 30cm 左右，当摊铺机行进接触时，汽车起升倒料。

② 连续供料。当待料时不应将机内混合料摊完，确保料斗中有足够的存料，防止送料板外露。由于故障导致斗内料已结块时，重铺时应铲除。

③ 操作手应正确控制摊铺边线和准确调整熨平板。

④ 检测员要经常检查厚度，每 5m 查一断面，每断面不少于 3 点，并作好记录，及时反馈信息给操作手；每 50m 检查横坡一次，经常检查平整度。

⑤ 摊铺中路面工应密切注意摊铺动向，对横断面不符合要求、构造物接头部位缺料、摊铺带边缘局部缺料、表面明显不平整、局部混合料明显离析、摊铺后有明显的拖痕等，均应人工局部找补或更换混合料。且必须在技术人员指导下进行，人工修补时，工人不应站着热的沥青层面上操作。

⑥ 每天结束收工时，禁止在已摊铺好在路面上用柴油清洗机械。

⑦ 在施工中应加强前后台的联系，防止信息传递不及时导致生产损失。

⑧ 为确保道路中央绿化带侧石在摊铺时不被沥青混凝土的施工所影响，侧石边缘应采用小型压路机碾压。

⑨ 摊铺机在开始收料前应料斗内涂刷少量避免粘料用的柴油，并在摊铺机下铺垫塑料布以免污染路面。

沥青混合料的碾压

① 压实后的沥青混合料符合压实度及平整度的要求。

② 选择合理的压路机组合方式及碾压步骤，以达到最佳结果。沥青混合料压实采用钢筒式静态压路机及轮胎压路机或振动压路机组合的方式。压路机的数量根据生产现场决定。

③沥青混合料的压实按初压、复压和终压(包括成型)三个阶段进行。压路机以慢而均匀的速度碾压。

沥青混合料的初压符合以下要求

① 初压在混合料摊铺后较高温度下进行，并不得产生推移、发裂的现象，压实温度根据沥青稠度、压路机类型、气温、铺筑层厚度、混合料类型经试铺试压确定。

② 压路机从外侧向中心碾压。相邻碾压带应重叠 1/3 ~ 1/2 轮宽，最后碾压路中心部分，压完全幅为一遍。当边缘有挡板、道牙、路肩等支挡时，应紧靠支挡碾压。当边缘无支挡时，可用耙子将边缘的混合料稍稍耙高，然后将压路机的外侧轮伸出边缘 10cm 以上碾压。

③ 碾压时将驱动轮面向摊铺机，碾压路线及碾压方向不能突然改变而导致混合料产生推移。压路机起动、停止必须减速缓慢进行。

④复压紧接在初压后进行，复压采用轮胎式压路机，碾压遍数应经试压确定，一般不少于 4 ~ 6 遍，以达到要求的压实度，并无显著轮迹。

⑤终压紧接在复压后进行。终压选用双轮钢筒式压路机碾压，不宜少于两遍，并无轮迹。

采用钢筒式压路机时，相邻碾压带应重叠后轮 1/2 宽度。

压路机碾压沥青混合料注意事项

① 压路机的碾压段长度以与摊铺速度平衡为原则选定，并保持大体稳定。压路机每次由两端折回的位置阶梯形地随摊铺机向前推进，使折回处不在同一横断面上。在摊铺机连续摊铺的过程中，压路机不随意停顿。

② 压路机碾压过程中有沥青混合料粘轮现象时，可向碾压轮洒少量水或加洗衣粉水，严禁洒柴油。

③ 压路机不在未碾压成型并冷却的路段转向、调头或停车等候。振动压路机在已成型的路面行驶时关闭振动。

④ 对压路机无法压实的桥梁、挡墙等构造物接头、拐弯死角、加宽部分及某些路边缘等局部地区，采用振动夯板压实。

⑤ 在当天碾压成型的沥青混合料层面上，不停放任何机械设备或车辆，严禁散落矿料、油料等杂物。

接缝、修边

①摊铺时梯队作业产生的纵缝采用热接缝。施工时将已铺混合料部分留下 10 ~ 20cm 宽暂不碾压，作为后摊铺部分的高程基准面，再最后做跨缝碾压以消除缝迹。

②半幅施工不能采用热接缝时，设挡板或采用切刀切齐。铺另半幅前必须将缝边缘清扫干净，并涂洒少量粘层沥青。摊铺时应重叠在已铺层上 5 ~ 10cm，摊铺后用人工将摊铺在前半幅上面的混合料铲走。碾压时先在已压实路面上行进，碾压新铺层 10 ~ 15cm，然后压实新铺部分，再伸过已压实路面 10 ~ 15cm，充分将接缝压实紧密。上下层的纵缝错开 0.5m，表层的纵缝应顺直，且留在车道的画线位置上。

③相邻两幅及上下层的横向接缝均错位 5m 以上。上下层的横向接缝可采用斜接缝，上面层应采用垂直的平接缝。铺筑接缝时，可在已压实部分上面铺设一些热混合料使之预热软化，以加强新旧混合料的黏结。但在开始碾压前应将预热用的混合料铲除。

④平接缝做到紧密粘结，充分压实，连接平顺。施工可采用以下方法：在施工结束时，摊铺机在接近端部前约 1m 处将熨平板稍稍抬起驶离现场，用人工将端部混合料铲齐后再予碾压。然后用 3m 直尺检查平整度，趁尚未冷透时垂直刨除端部平整度或层厚不符合要求的部分，使下次施工时成直角连接。

⑤从接缝处继续摊铺混合料前应用 3m 立尺检查端部平整度，当不符合要求时，予以清除。摊铺时应控制好预留高度，接缝处摊铺层施工结束后再用 3m 直尺检查平整度，当有不符合要求者，应趁混合料尚未冷却时立即处理。

⑥横向接缝的碾压应先用双轮钢筒式压路机进行横向碾压。在碾压带的外侧放置供压路机行驶的垫木，碾压时压路机位于已压实的混合料层上，伸入新铺层的宽度为15cm，然后每压一遍向混合料移动15～20cm，直至全部在新铺层上时，再改为纵向碾压。当相邻摊铺层已经成型，同时又有纵缝时，可先用钢筒式压路机纵缝碾压一遍，其碾压宽度为15～20cm，然后再沿横缝作横向碾压，最后进行正常的纵向碾压。

⑦做完的摊铺层外露边缘应准确到要求的线位，修边切下的材料及任何其他的废弃沥青混合料从路上清除。

6.2 混凝土面层施工技术要点

模板安装

混凝土施工使用钢模板，模板长3m，高10cm。钢模板应确保无缺损，有足够的刚度，内侧和顶、底面均应光洁、平整、顺直，局部变形不得大于3mm。振捣时模板横向最大挠曲应小于4mm，高度与混凝土路面板厚度一致，误差不超过±2mm。

立模的平面位置和高程符合设计要求，支立稳固准确，接头紧密而无离缝、前后错位和高低不平等现象。模板接头处及模板与基层相接处均不能漏浆。模板内侧清洁并涂刷隔离剂，支模时用φ18螺纹钢筋打入基层进行固定，外侧螺纹钢筋与模板要靠紧，如个别处有空隙可加木块，并固定在模板上，如图2-40所示。

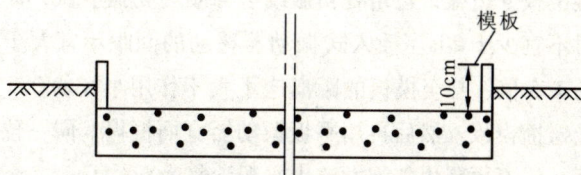

图2-40 两侧加设10cm高的模板

原材料、配合比、搅拌要求

混凝土浇筑前，将到场原材料送检测单位检验并进行配合比设计，所设计的配合比应满足设计抗压、抗折强度，符合耐磨、耐久以及混凝土拌合物和易性能等要求。混凝土采用现场强制式机械搅拌，并有备用搅拌机，按照设计配合比拟定每机的拌合量。拌和过程应做到以下几点要求：

①沙、碎石必须过磅并满足施工配合比要求。

②检查水泥质量，不能使用结块、硬化、变质的水泥。

③用水量需严格控制，安排专门的技术人员负责。

④原材料按重量计，允许误差不应超过的标注为水泥±1%，沙、碎石±3%，水±1%（外加剂±2%）。

⑤混凝土的坍落度控制在 14～16cm，每槽混凝土搅拌时间控制在 90～120s。

混凝土运输及振捣

①施工前检查模板位置、高程、支设是否稳固和基层是否平整润湿，模板是否涂遍脱模剂等，合格后才能进行混凝土施工。混凝土采用泵送为主，人工运输为辅。

②混凝土的运输、摊铺、振捣、整平、做面应连续进行，不得中断。如果因故中断，应设置施工缝，并设在设计规定的接缝位置。摊铺混凝土后，应随即用插入式和平板式振动器均匀振实，混凝土灌注高度应与模板相同。振捣时先用插入式振动器振混凝土板壁边缘，边角处初振或全面顺序初振一次，同一位置振动时不宜少于20s。插入式振动器移动的间距不宜大于其作用半径的1.5倍，甚至模板的距离应不大于作用半径的0.5倍，并应防止碰撞模板。然后再用平板振动器全面振捣，同一位置的振捣时间，以不再冒出气泡并流出水泥沙浆为准。

③混凝土全面振捣后，再用平板振动器进一步拖拉振实并初步整平。振动器往返拖拉2～3遍，移动速度要缓慢均匀，不许中途停顿，前进速度以 1.2～1.5m/min 为宜。凡有不平之处，应

及时辅以人工挖填补平。最后用无缝钢管滚筒进一步滚推表面，使表面进一步提浆均匀调平。振捣完成后进行抹面，抹面一般分两次进行，第一次在整平后随即进行，除去泌水并压下石子。第二次抹面须在混凝土泌水基本结束，处于初凝状态但表面尚湿润时进行，用3m直尺检查混凝土表面。抹平后沿横方向拉毛或用压纹器刻纹，使路面混凝土有粗糙的纹理表面。施工缝处理严格按设计施工。

④锯缝应及时，在混凝土硬结后尽早进行，宜在混凝土强度达到5~10MPa时进行，也可以由现场试锯确定，尤其是在天气温度骤变时不可拖延，但也不能过早，过早会导致粗骨料从沙浆中脱落。

⑤混凝土板面做完后应及时养护，养护采用湿草包覆盖，养护期不少于7d。混凝土拆模要注意掌握好时间(24h)，一般以既不损坏混凝土，又能兼顾模板周转使用为准，可视现场气温和混凝土强度增长情况而定，必要时可做试拆试验确定。拆模时操作要细致，不能损坏混凝土板的边、角。

⑥填缝采用灌入式填缝的方式，应符合以下规定：

◎灌注填缝料必须在缝槽干燥状态下进行，填缝料应与混凝土缝壁粘附紧密不渗水。

◎填缝料的灌注深度宜为3~4cm。当缝槽大于3~4cm时，可填入多孔柔性衬底材料。填缝料的灌注高度，夏天宜与板面平；冬天宜稍低于板面。

◎热灌填缝料加热时，应不断搅拌均匀，直到规定温度。当气温较低时，应用喷灯加热缝壁。施工完毕，应仔细检查填缝料与缝壁黏结情况，在有脱开处，应用喷灯小火烘烤，使其黏结紧密。

6.3　块料地面施工技术要点

路基定点放线

路基平整完毕，按路面设计的中心线在地面上每隔20~50m

钉一中心桩,弯道平曲线上应在曲头、曲中和曲尾各钉一中心桩。自由曲线的园路,应加密中心桩,并在各中心桩上标明桩号,再以中心桩为准,根据路面宽度及弯道加宽值定边桩,最后放出路面的平曲线。

挖路槽

依照路面设计宽度,在路基上每侧加宽 20~40cm 挖槽,路槽深度等于路面各层的总厚度,槽底的横坡应与路面设计横坡一致。路槽挖好后,应在槽底洒水湿润,然后夯实。路槽平整度允许误差不大于 2cm,按设计要求准备基层材料,确定其可松性。灰土基层一般实厚为 50~150mm(一步灰土),基层虚铺厚度为 200~250mm。人流量大的路面或北方冻胀区园路基层厚度可适当增加,并分层压实。为提高基层承载力和抗冻能力,可添加煤渣或矿渣,制成煤渣石灰土或矿渣石灰土,配合比为:煤渣或矿渣:石灰:土 =7:1:2。

铺筑基层

结合层是园路块料路面构造中特有的,设置结合层能使面层块料与基层结合,并利于路面找平。

铺筑结合层(垫层)

园路块料面层,因面层块料的不同,铺筑方法会有一定的差异,但应按设计要求施工。有拼花纹样的应保证其位置、大小的准确,以便铺贴形式与设计达到一致。铺筑完的面层应平整、牢固。

道牙

设计有道牙的路面,道牙基础应与路基同步施工以确保路面的整体效果和均匀密度。弯道和曲面的道牙应在施工前预制,道牙的结合层常采用水泥沙浆,以保证安装平稳牢固,道牙之间的按缝应使用水泥沙浆抹实。

块料路面的铺砌要点

块料路面是我国园林传统做法的继承和延伸。块料路面的铺砌要注意以下几点：

①广场内同一空间，园路同一走向，用同一种式样的铺装较好；不同地方可以用不同的铺砌，这样在全园可以达到统一中求变化的目的。实际上，这是以园路的铺装来表现园路的不同性质、用途和区域。

②同一种类型铺装时，可用不同大小、材质和拼装方式的块料来组成，关键是用什么，铺装在什么地方。例如，主要干道、交通性强的地方，要牢固、平坦、防滑、耐磨，线条简洁大方，以便于施工和管理，比如用同一种石料，大小变化或拼砌方法也相同等。小径、小空间、休闲林荫道，可丰富多彩一些，如我国古典园林。要深入研究园路所在其园林要素的特征，以创造富于特色、脍炙人口的铺装。

③块料的大小、形状，除了要与环境、空间相协调，还要适于自由曲折的线型铺砌，这是施工简易的关键；表面粗细适度，粗要可行儿童车，走高跟鞋，细不致雨天滑倒跌伤，块料尺寸模数，要与路面宽度相协调；使用不同材质块料拼砌时，色彩、质感、形状等，对比要强烈。

④块料路面的边缘要加固，损坏往往从这里开始。园路是否放侧石，各有己见，一般认为要依实际情况而定：

①看使用清扫机械是否需要有靠边；

②所使用砌块拼砌后，边缘是否整齐；

③侧石是否可起到加固园路边缘的目的；

④最重要的是园路两侧绿地是否高出路面，在绿化尚未成型时，须以侧石防止水土冲刷；

⑤建议多采用自然材质块料。接近自然，朴实无华，价廉物美，经久耐用。甚至于旧料、废料略经加工也可利用为宝。日本有的路面是粗沙散铺而成，我国也有煤屑路面；碎大理石花岗岩板也广为使用，石屑更是常用填料。

施工总的要求是要有良好的路基，并加沙垫层，块料接缝处要加填充物。

6.4 石材路面施工技术要点

①天然石材路面铺贴前,应对块材进行试拼,先对比颜色、拼花、编号,以便于正式铺筑时对号入座。

②检查基层平整情况,如偏差太大,应在铺筑前进行修补。

③将基层清扫干净,然后找水平、弹线,再在找平层上,设标准砖或做灰饼,并找中找方,提前一天洒水湿润基层。

④弹线后,先铺若干条石材作为基准,起标筋作用。

⑤铺贴步骤应先道路或场地中线往两侧采取退步法铺筑。

⑥采用水泥沙浆作黏结层的,铺筑24h后,应洒水养护1~2次,常规情况下应养护2天。

6.5 陶瓷路面施工技术要点

施工要求

在使用前应对瓷砖进行挑选,标号和品种不相同的砖不得混用。如有裂缝、掉角、扭曲变形砖和小于半块的碎砖应予剔除。

砖面层下的垫层、结合层以及面层填缝所用的沙,应洁净不含有机杂质。在砖面层铺砌之前,填缝用沙要过3mm筛子。

陶瓷装饰材料主要在饰面工程中应用,其规格、品种、颜色繁多,镶贴方法和工艺虽不尽相同,但基本工序是相同的,其主要工序是:基层准备、选材、装饰施工设计、放线、配制黏结剂、安装饰面板,最后进行擦缝和清理面层。

斗底砖、劈开砖及红地砖

①斗底砖主要用于建筑物的屋面或楼地面,铺贴前应根据外观规格和烧结质量进行预选。外观规格好、烧结质量优的用于主要房间或面层,较差的则用于次要房间或双层铺砌的底层。铺砌屋面斗底砖由檐口向屋脊方向进行,对于木基层,斗底砖则应挑出檐口约100mm,对于混凝土基层,一般铺到圈梁外侧,挑檐部分不铺。

②大面积屋面或地面应该分仓，一般间距为12m，做成伸缩缝。对混凝土基层，应先洗刷干净，没有坡度的地面或屋面应先找坡。对木基层则应该刷防腐沥青。屋面四周要留有伸缩余地，不可直接顶住女儿墙或将女儿墙砌在斗顶砖屋面四周边上，否则阻碍伸缩，导致起壳。屋面斗底砖的排列，一般为正十字、在室内，可根据需要做成正十字、斜十字或顶字形。黏结灰土沙浆最好提前1小时拌好。

③铺贴时，应先弹边线找好规矩，弹好四周边线后，在边框排砖，将砖缝宽度调整一致，缝宽为10～20mm。湿润基层后，按调整后的位置铺砌四周，作为定位砖带，如周边过长，不便拉线，应于其中一部分铺砌四周作为定位砖带，铺完后，再铺其他部分。注意铺砌前洒水，湿润基层及泛水坡度。

④排线铺时应按砖带位置逐行拉线铺砌。铺砌沙浆屋面常用石灰黏土沙浆，园林建筑室内或亭、廊、榭、阁地面也常用石灰黏土沙浆，厚度为15～20mm。刮平沙浆后，将斗底砖背面放在砂浆上，搓揉至沾满灰浆，并挤出砖底空气，然后就位。在砖中心揉挤压实，再刮除缝内挤出的沙浆。每铺贴10块，用靠尺检查表面平整度，需要时，适当调整砖缝。用瓦刀将灰缝轻轻夯打推压密实，一般深约7mm，缝底成方形，不可成弧形。

⑤如铺单层，即可用1:5:1水泥石灰沙浆勾缝，如为双层，底层不必勾缝，要求灰缝表面光滑，与斗底紧密连接。然后湿润底层，铺砌面层斗底砖，再夯缝、勾缝。施工时须注意，上层砖的中心应对准下层砖的十字接缝处，使上下层砖缝在前后左右错开半砖。

⑥伸缩缝处理的方法常用以下两种：①用沥青胶（玛蹄脂）或其他防水油膏填嵌密实；②在伸缩缝两侧各砌一皮顺砖，其中间隔30mm左右，在顺砖之上，铺砌一层斗底砖。

陶瓷地砖铺贴

①铺贴前，先用线在墙面标高点上拉出地面标高线和垂直交

叉的定位线。按定位线的位置铺贴大地砖。然后在刷干净的基层地面上平铺一层1:3.5的水泥沙浆,厚度控制在10mm左右,再用1:2的水泥沙浆抹在地砖背面,将地砖缓放在地面上,用橡皮锤敲实,并使地砖面层与地面标高线一致。

②如果铺贴的房间较小,一般可做T形的标准高度面,对于面积较大的房间(20m² 以上),应按房间中心十字形做出标准高度面,也就是以十字线为中缝,在十字线交叉点对角处安放两块地面砖,作为整个房间的高度标准和水平标准,并须用90°角尺和水平尺严格校正。

③大面积施工是在以铺好的标准砖的高度面为依据进行的,铺贴时紧靠已铺好的标准砖面高度开始施工,铺贴8块以上时,应及时用水平尺检查平整度,对高的部分用橡皮锤敲平,低的地方应起出砖后,用水泥沙浆垫高,并用拉出的对缝平直线来控制地砖对缝的平直。

缸砖铺贴

①缸砖一般呈暗红色,也有黄色和白色,它的色彩丰富,缸砖面层适用于建筑物的地坪、阳台、露台、走廊等。

②铺砌缸砖应先浸水2~3h,取出晾干备用,在找平层上撒一层干水泥面,洒水后随即铺砌。

③在基层上刷好水泥浆,按地面标高留出缸砖厚度做灰饼。用1:3干硬性水泥沙浆(以粗沙为好)做找平层。冲筋、装挡、刮平,刮平时沙浆要拍实,浆厚约2cm。

④留缝铺砌法是根据排砖尺寸弹线,铺设从门口开始,在已经铺好的砖上垫上木板,人站在板上往里铺,横缝用分格条铺一块放一根;竖缝根据弹线走齐,随铺随清理干净,缸砖缝宽不大于6mm,铺砌后次日用1:1水泥沙浆灌缝。铺砌24h后,浇水养护3d,每天不得少于3次。

⑤碰缝铺砌法是不需弹线找中,一般由门口往室内铺贴,铺砌后,用素水泥浆擦缝处理,而后清洗干净面层。铺完24h后浇

水养护 3 ~ 4d。

6.6　陶瓷锦砖面层施工技术要点

①基面清理干净，表面灰浆应铲净，无杂物。

②按水平标高线，弹陶瓷锦砖找平层、面层标高线。

③对陶瓷锦砖进行挑选，品种、规格、花色应符合要求。应剔除色差明显、接缝不匀、有缺棱、掉角的锦砖联。

④做找平层灰饼、标筋。有地漏、排水口的坡度地面，标筋应按设计做成坡度标筋，并向地漏、排水口方向作放射状布置。

⑤刷涂灰比 1∶0.4 ~ 0.5 素水泥浆，随刷随摊铺 1∶3 干硬性水泥沙浆，厚 20 ~ 25mm。顺标筋刮平、木抹拍实、抹平。有地漏、排水口的地面按要求坡度做出泛水。

⑥找平层沙浆抗压强度达到 1.2MPa 后，在中心弹十字控制线，根据设计要求的图案结合陶瓷锦砖每联的尺寸，计算张数，弹出各砖联的分格线，并按图案形式写上编号，在相应的砖联背纸上也写上编号。

⑦洒水湿润找平层，抹 2 ~ 2.5mm 的水泥浆（宜掺水泥重量 20% 的 107 胶）随抹随贴陶瓷锦砖联。操作时，抹水泥浆的面积不要过大，随抹随贴。贴时，将成联锦砖，对准分格线贴在水泥浆上，用与砖联同样尺寸的木拍板覆盖在锦砖背纸上，用橡皮锤敲打至纸面露出砖缝水印为止。

⑧铺贴顺序应从里往外沿控制线退着进行，并随时用靠尺检查平整度。铺至排水口处，应先试铺，按地漏口的形状，裁去不需要部分后正式铺贴。

⑨检查无误，紧接着在纸面上均匀刷水，常温下过 5 ~ 30min，背纸湿透后，将背纸全部撕掉。

⑩检查锦砖拼缝，如拼缝宽窄不一，应用拨刀、靠尺按先纵缝后横缝的顺序将其拨正，用木拍板和橡胶锤拍实，若有颗粒粘贴不牢，应加水泥浆重新粘贴、拍实。

⑪抹水泥浆、铺贴锦砖、刷水撕纸、修理、拨缝等工序，一般应控制在 4h 内完成。

⑫灌缝应在拨缝后的第二天进行，用白水泥或与锦砖同色的素水泥浆擦缝，用棉纱从里到外顺缝揉擦。

⑬锦砖擦缝后 24h，应铺锯末或其他覆盖材料洒水养护，常温下养护时间不少于 7d。

6.7 嵌草路面施工

无论用预制混凝土铺路板、空心砌块、实心砌块，还是用顶面平整的乱石、整形石块或石板，都可以铺装成砌块嵌草路面。嵌草铺地做法如图 2-34 所示。

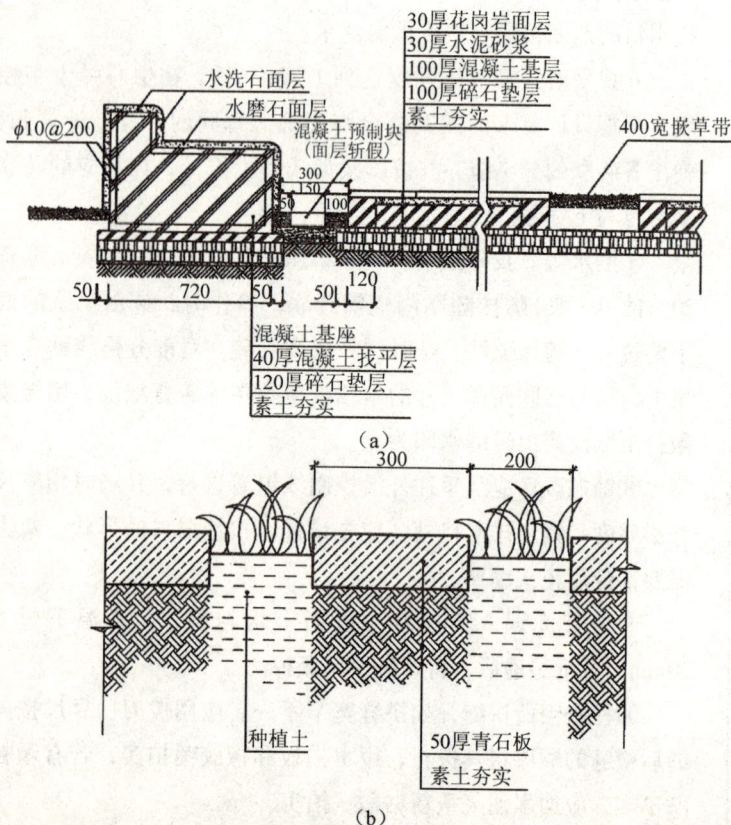

（a）

（b）

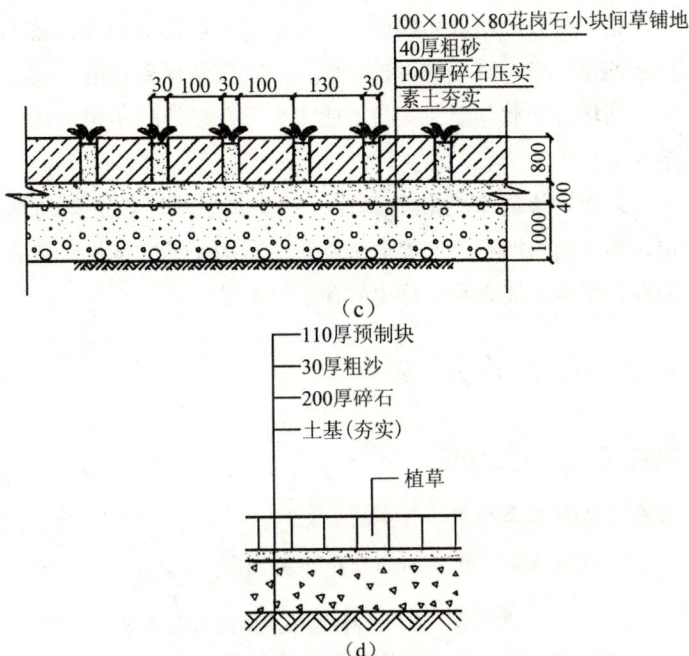

100×100×80花岗石小块间草铺地
40厚粗砂
100厚碎石压实
素土夯实

30 100 30 100　130　30

（c）

110厚预制块
30厚粗沙
200厚碎石
土基(夯实)

植草

（d）

图 2-41　嵌草铺地做法

（a）嵌草铺地做法(一)；（b）嵌草铺地做法(二)

（c）嵌草铺地做法(三)；（d）预制块(植草砖)嵌草路

　　施工时，先在整平压实的路基上铺垫一层栽培壤土作垫层，壤土要求比较肥沃，不含粗颗粒物，铺垫厚度为 100～150mm。然后在垫层上铺砌混凝土空心砌块或实心砌块，砌块缝中半填壤土，并播种草籽。

　　实心砌块的尺寸较大，草皮嵌种在砌块之间预留的缝中。草缝设计宽度可在 20～50mm 之间，缝中填土高为砌块的2/3。砌块下面如上所述用壤土作垫层并起找平作用，砌块铺装要尽可能平整。实心砌块嵌草路面上，草皮形成的纹理是线网状的。

　　空心砌块的尺寸较小，草皮嵌种在砌块中心预留的孔中。砌块与砌块之间不留草缝，常用水泥沙浆黏结。砌块中心孔填土也为砌块的2/3高；砌块下面仍用壤土作垫层找平，使嵌草路面保持平整。空心砌块嵌草路面上，草皮呈点状而有规律地排列。要注意的是，空心砌块的设计制作，一定要确保砌块的结实坚固和不易损坏，因此其预留孔径不能太大，孔径最好不超过砌块直径的 1/3 长。

采用砌块嵌草铺装的路面，砌块和嵌草层是道路的结构面层，其下面只能有一个壤土垫层，在结构上没有基层，只有这样的路面结构才能有利于草皮的存活与生长。

7 铺装的注意事项

7.1 避免工程质量通病

陶瓷地砖面层质量通病与预防

陶瓷地砖面层质量通病与预防见表 2-33。

表 2-33 陶瓷地砖面层质量通病与预防

质量通病	原因	预防
地面空鼓	基层清理不干净	基面清理应仔细
	结合层的水泥浆操作不正确	若用素水泥浆则应涂刷均匀，若撒干水泥面，应洒水调和均匀
	干硬性水泥沙浆太稀，或铺的过厚	干硬性水泥浆不能太稀，以手捏成团、落地开花为度，厚度不宜超过 30mm
面层接缝不平、不匀	地砖质量差，使用前未进行挑选	铺设前，应对地砖进行检查挑选，厚薄不匀、翘曲、尺寸超差等缺陷的地砖应予剔除
	铺设时，未按基准线和控制线进行	地砖铺设应按基准线进行，并拉控制线，按控制线铺贴
	地砖铺设后，养护期未到，过早踩踏	铺设结束后，应按规定养护，养护期间严禁踩踏

陶瓷锦砖面层质量通病与预防

陶瓷锦砖面层质量通病与预防见表 2-34。

表2-34 陶瓷锦砖面层质量通病与预防

质量通病	原因	预防
面层空鼓	基面清理不干净，未洒水湿润	基面清理应仔细，杂质、污物应清理干净，基面清理干净后，应洒水湿润
	铺贴锦砖操作方法不正确	水泥浆结合层一次刷的面积不可过大，应随刷随铺贴
面层砖缝格不直、不匀	锦砖质量差，铺贴前未仔细挑选	应采用质量好的锦砖，铺贴前应对砖联进行挑选
	遗漏修理、拨缝工序	严格按工序进行操作，修理、拨缝时，应用靠尺或拉通线进行控制
地漏周围锦砖套割不规则	铺贴至排水口处，未进行试铺	铺至排水口处，应进行试铺，以确定地漏周围锦砖的尺寸、形状、裁合适后，再正式铺贴

大理石、花岗石面层质量通病与预防

大理石、花岗石面层质量通病与预防有以下几点：

面层空鼓 产生原因及预防措施见表2-35。

表2-35 面层空鼓产生原因及预防措施

原因	预防措施
基面清理不仔细	基面清理应仔细，杂物油污等应清理干净
结合层水泥浆涂刷操作方法不正确	若用素水泥浆，则应涂刷均匀，若撒干水泥面，应洒水调和均匀，水泥浆应控制涂刷面积，应随涂刷随摊铺水泥沙浆
干硬性水泥沙浆太稀，或铺设过厚	1:4 的干硬性水泥沙浆不能太稀，应以手捏成团，落地开花为度，铺设厚度不宜超过 30mm
板背面灰尘、杂物未清理	板材背面在使用前，应刷干净

面层接缝不平、不匀 产生原因及预防措施见表2-36。

表2-36 面层接缝不平、不匀产生原因及预防措施

原因	预防措施
各房间水平标高线不统一	应由专人负责从楼道统一往各房间引进标高线
铺设时，未拉通线	铺设时，应从基准线开始，按顺序铺设，铺设时，应拉通线，缝隙不应有偏差
板材挑选不严	挑选板材时应仔细，对翘曲、拱背、宽窄不方正等缺陷的板材应予剔除
养护期不到，过早踩踏	加强成品保护，养护期内严禁踩踏

塑料板面层质量通病与预防

塑料板面层质量通病与预防有以下几点：

面层空鼓、边角起翘　产生原因及预防措施见表2-37。

表2-37　面层空鼓、边角起翘产生的原因及预防措施

原因	预防措施
基层面处理不好	检查基面时，对有麻面、起沙、开裂等缺陷的表面应仔细处理，按规范要求做，基面的含水率值小于9%，检查处理完基面，其表面应清理干净
操作方法不正确，粘贴时间掌握不好	针对不同面材和胶结剂，采用不同的粘贴方法，粘贴时间应按胶黏剂的使用说明进行，不可过早或过迟
胶黏剂质量低劣	采用质量好的胶黏剂，板材性质与胶粘剂应相配套
黏结层过厚	胶黏剂厚度应不大于1mm

面层平整度差　产生原因及预防措施见表2-38。

表2-38　面层平整度差产生原因及预防措施

原因	预防措施
基面不平整	检查基面时，注意平整度不应大于±2mm
涂刷胶黏剂不均匀	刮涂胶黏剂应使用齿形恰当的刮板刮涂，使胶黏层薄而均匀
在低温下刮涂胶黏剂，产生不均匀	施工温度应在15~30℃间，刮涂胶黏剂时，基面涂刷胶方向应与板材背面刷胶方向相垂直
使用品种不一、软硬程度不一的板材	应使用同一品种、质量相同、无色差的板材
板材预热方法不当	板材预热，应用75℃热水浸泡10~20min，严禁用电热炉、炉火烘烤加热

7.2　板块面层铺装质量控制

板块面层质量验收标准

①面层的厚度、标高、坡度应符合设计要求。

②供排除液体的带坡度的面层做泼水试验应合格，不得有倒泛水和积水现象。

③面层粘贴牢固，不得有空鼓。踢脚板应与墙面紧密贴合。

④不同类型面层的连接以及面层的图案应符合设计要求。

板块面层质量允许偏差

板块面层质量允许偏差见表2-39。

表 2-39　板块面层质量允许偏差　　　　　　　　　　（单位:mm）

项目	允许偏差											检验方法
	陶瓷锦砖面层、高级水磨石板、陶瓷地砖面层	缸砖面层	水泥花砖面层	水磨石板块面层	大理石面层和花岗石面层	塑料板面层	水泥混凝土板块面层	碎拼大理石、碎拼花岗石面层	活动地板面层	条石面层	块石面层	
表面平整度	2.0	4.0	3.0	3.0	1.0	2.0	4.0	3.0	2.0	10.0	10.0	用 2m 靠尺和楔形塞尺检查
缝格平直	3.0	3.0	3.0	3.0	2.0	3.0	3.0	—	2.5	8.0	8.0	拉 5m 线和用钢尺检查
接缝高低差	0.5	1.5	0.5	1.0	0.5	0.5	1.5	—	0.4	2.0	—	用钢尺和楔形塞尺检查
踢脚线上口平直	3.0	4.0	—	4.0	1.0	2.0	4.0	1.0	—	—	—	拉 5m 线和用钢尺检查
板块间隙宽度	2.0	2.0	2.0	2.0	1.0	—	6.0	—	0.3	5.0	—	用钢尺检查

第 *3* 章　园路的设计与施工

1 | 园路的基础知识

园林道路(简称园路)是组织和引导游人观赏景物的驻足空间,其与建筑、水体、山石、植物等造园要素一起组成丰富多彩的园林景观。

园路是园林不可缺少的构成要素,其不仅引导游人、疏导交通,还将园林绿地空间划分成了不同形状、不同大小、不同功能的一系列空间。因此,园路的规划直接影响到园林绿地各功能空间划分是否合理,人流交通是否通畅,景观组织是否合理,对园林绿地整体规划的合理性起着举足轻重的作用。

1.1 园路的平面线形

园路的平面线形是指园路中心线的水平投影形态。

线形种类

① 在规则式园林绿地中多采用直线形园路,因其线形平直、规则,方便交通。

② 道路转弯或交汇时,考虑行驶机动车的要求,弯道部分应取圆弧曲线连接,并具有相应的转弯半径。

③ 自由曲线是指曲率不等且随意变化的自然曲线。在以自然式布局为主的园林游步道中多采用这种线形,可随地形、景物的变化而自然弯曲,柔顺流畅、协调。

平曲线最小半径

当车辆在弯道上行驶时,为了使车体顺利转弯,保证行车安全，要求弯道上部分应为圆弧曲线，该曲线称为平曲线，其半径称为平曲线半径。由于园路的设计车速较低，一般可以不考虑行车速度，只要满足汽车本身(前后轮间距)的最小转弯半径即可。因此，平曲线最小半径要求一般不小于6m。

曲线加宽

当汽车在弯道上行驶时，由于前轮的轮迹较大，后轮的轮迹较小，出现轮迹内移现象；同时，本身所占宽度也较直线行驶时为大，弯道半径越小，这一现象越严重。为了防止后轮驶出路外(掉道)，车道内侧(尤其是小半径弯道)需适当加宽，称为曲线加宽。

① 曲线加宽值与车体长度的平方成正比，与弯道半径成反比。

② 当弯道中心线平曲线半径 R > 200m 时可不必加宽。

③ 为使直线路段上的宽度逐渐过渡到弯道上的加宽值，需设置加宽缓和段。

④ 为了通行方便，园路的分支和交汇处应加宽其曲线部分，使其线形圆润、流畅，形成优美的视角效应。

1.2　园路的断面线形

园路的纵断面线形即道路中心线在其竖向剖面上的投影形态，它随地形坡度的变化而呈连续的折线。在折线交点处，为使行车平顺，需设置一段竖曲线。直线表示路段中坡度均匀一致，坡向和坡度保持不变。两条不同坡度的路段相交时必然存在一个变坡点，为使车辆安全平稳通过变坡点，须用一条圆弧曲线把相邻两个不同坡度线连接，这条曲线因位于竖直面内，故称竖曲线。当圆心位于竖曲线下方时，称凸形竖曲线。当圆心位于竖曲线上方时，则称凹形竖曲线。

纵横向坡宽

纵向坡度　纵向坡度是指道路沿其中心线方向的坡度。园路中，行车道路的纵坡一般为 0.3% ~8%，以保证路面水的排除与行车的安全；游步道、特殊路段应不大于12%。

　　横向坡度　横向坡度是指道路垂直于其中心线方向的坡度，为了方便排水，园路横坡一般在1%～4%之间，呈两面坡。弯道处因外侧路面加高而呈单向横坡，不同材料路面的排水能力不同，其所要求的纵横坡度也不同。

　　弯道超高　当汽车在弯道上行驶时，产生横向推力即离心力。这种离心力的大小与行车速度的平方成正比，与平曲线半径成反比。为了防止车辆向外侧滑移及倾覆，抵消离心力的作用，就需将路的外侧抬高，即为弯道超高。设置超高的弯道部分(从平曲线起点至终点)形成了单一向内侧倾斜的横坡。为了便于直线路段的双向横坡与弯道超高部分的单一横坡有平顺衔接，应设置超高缓和段。

2　园路在园林景观中的作用

2.1　划分、组织空间

　　园路是贯穿全园的交通网络，是联系若干个景区和景点的纽带，是组成园林景观的要素之一，是为游人提供活动和休息的场所。园林功能分区的划分多是利用地形、建筑、植物、水体或道路。对于地形起伏不大、建筑比重小的现代园林绿地，用道路围合来分隔不同景区是主要方式。同时，借助道路面貌(线形、轮廓、图案等)的变化可以暗示空间性质、景观特点的转换以及活动形式的改变，从而起到组织空间的作用，特别是在专类园中，划分空间的作用十分明显。

2.2　组织交通和导游

　　①经过铺装的园路能耐践踏、碾压和磨损，可满足各种园务运输的要求，并为游人提供舒适、安全和方便的交通条件。

　　②园林景点间的联系是依托园路进行的，为动态序列的展开指明了游览的方向，引导游人从一个景点进入另一个景点。

③园路还为欣赏园景提供了连续的不同的视点，可以取得步移景异的效果。

2.3 参与造景

园路作为空间界面的一个方面而存在着，自始至终伴随着游览者，影响着风景的效果，它与山、水、植物、建筑等，共同构成优美丰富的园林景观。

创造意境

如中国古典园林中园路的花纹和材料与意境相结合，有其独特的风格与完善的构图，很值得学习。

构成园景

主要是通过园路的引导，将不同角度、不同方向的地形地貌、植物群落等园林景观——展现在眼前，形成一系列动态画面，此时园路也参与了风景的构图，即因景得路。再者，园路本身的曲线、质感、色彩、纹样以及尺度等与周围环境的协调统一，也是园林中不可多得的风景。

统一空间环境

即通过与园路相关要素的协调，在总体布局中，使尺度和特性上有差异的要素处于共同的铺装地面，相互间连接成一体，在视觉上统一起来。

构成个性空间

园路的铺装材料及其图案和边缘轮廓，具有构成和增强空间个性的作用，不同的铺装材料和图案造型，能形成和增强不同的空间感，如细腻感、粗犷感、亲切感、安静感等。并且，丰富而独特的园路可以创造视觉趣味，增强空间的独特性和可识性。

2.4 提供活动场地和休息场地

在建筑小品周围、花坛边、水旁和树下等处，园路可扩展为广场(可结合材料、质地和图案的变化)，为游人提供活动和休息的场所。

2.5 组织排水

道路可以借助其路缘或边沟组织排水。一般园林绿地都高于路面，方可实现以地形排水为主的原则。道路汇集两侧绿地径流之后，利用其纵向坡度即可按预定方向将雨水排除。

3 园路的设计程序概述

3.1 设计依据

园路的布局设计，要以园林本身的性质、特征以及实用功能为依据，主要有以下两方面：

第一，园林工程的建设规模决定了园路布局设计的道路类型和布局特点

一般较大的公园，要求园路主道、次道和游步道三者齐备，并使铺装式样多样化，从而使园路成为园林造景的重要组成部分，而较小的园林绿地或单位小块绿地的设计，往往只有次道和游步道的布局设计。

第二，园林绿地的规划形式决定了园路布局设计的风格

如果园林为规则式园林，园路应布局直线和有规可循的曲线式，在园路的铺装上也应和园林风格相适应，充分体现规则式园林的特征。如果园林为自然式，则园路可布局成无规可循的自由曲线和宽窄不等的变形路。

3.2 设计原则

因地制宜的原则

园路的布局设计除了依据园林工程建设的规划形式外，还必须结合地形地貌设计。一般园路宜曲不宜直，贵在合乎自然，追求自然野趣，依山随势，回环曲折；曲线要自然流畅，犹如流水，随地势就形。

满足实用功能，体现以人为本的原则

作为园林组成部分的道路设计，道路的交通和使用功能是其最高原则和本质内容。不能片面强调景观和绿化，忽视道路尺度和交通功能，例如，行道旁的植物布置、道路小品和设备的设置，不能影响游人步行和骑车；在尺度较小的园路边不要密植大量的乔木，以免阻碍通行和阻挡道路视线。

道路的整体组织和循环性

园林工程建设中的道路应形成一个环状道路网络，四通八达，道路设计要做到有的放矢，因景设路，因游设路，不能漫无目的，更不能使游人正在游兴时"此路不通"，这是园路设计最忌讳的。

综合园林造景进行布局设计的原则

园路是园林工程建设造景的重要组成部分，园路的布局设计一定要坚持以路为景服务，同时也要使路和其他造景要素很好地结合，使整个园林更加和谐，并创造出一定的意境来。

3.3　设计要旨

先主后支，主次分明

主要道路要贯穿全园，形成全园的骨架。同时连接主要入口和主景区。既有消防、行车等功能，又有观景、漫步休闲功能。而支路是各分区的局部骨架，主要起到"循游"和"回流"的作用，使各区域相互联系和贯通。

顺势辟路，曲折有致

园路的设计要与所处的地形地势相结合。地势平缓则路线舒展，可取大曲率；地势变化急剧则路径"顿置宛转"，有高有低，有曲有深，做到"路宜偏径，临濠蜿蜒"，使园路"曲折有情"。"顺势"就是要把握园区流通序列空间的构图游览情势，做到"因地制宜"、"因势利导"的布局设计。此外，在进行园路设计时，要注意道路平面上的曲折与剖面上的起伏相结合，做到顺地形而起伏，顺地势而转折。

3.4　设计要素

绿化率

　　园路和城市园林景观路与普通主干道不同，其绿化用地率不得小于40%，而普通路仅为20%～30%。

规划设计

　　园林和景观路的景观特色和风格应在城市绿地系统规划中统一确定，体现城市景观风貌和特色。

植物选择

　　园林和城市景观路的植物应选择观赏价值高，能体现地方特色的植物，反映城市绿化特点和水平。

设计风格

　　同一园路的绿化要风格统一，但不同路段可以有所变化，要体现城市风貌，景观路要与街景结合。

环境要求

　　园路要与邻近的山、河、湖、海相结合，突出自然景观特色，做到自然与人文的和谐统一和完美结合。

植物配置

　　园路的植物配置和空间层次要协调，树型组合、色彩和季相变化要自然，形式统一而富有变化，注重本地区经典配置形式的应用。

3.5　设计方法

　　①对收集来的设计资料及其他图面资料进行分析研究，从而初步确定园路布局风格。

　　②对公园或绿地规划中的景点、景区进行认真分析研究。

　　③对公园或绿地周边的交通景观等进行综合分析，必要时可与有关单位联合分析。

④研究设计区内的植物种植设计情况。

⑤通过以上的分析研究,确定主干道的位置布局和宽窄规格。

⑥以主干道为骨架,用次干道进行景区的划分,并通达各区主景点。

⑦以次干道为基点,结合各区景观特点,具体设计游步道。

⑧形成布局设计图。

3.6　设计步骤

方案设计阶段

在道路总体规划的基础上做出的设计,包括景区、景点、特点、内容构思、创意、风格和节点等。结合总体规划,统筹考虑,反映本地文化特色,注重创意和构想。

初步设计阶段

在方案的基础上进行深化设计,要求能够准确反映道路在各景点景区的位置、尺度、材质、颜色、植物配置,注意细部的完善。

施工图设计阶段

施工图设计要准确地反映园路和景观道路街区内各景点景区单项工程的作法、尺度要求、植物品种、株行距、规格数量、位置,并制作施工详图。各分项工程设计落实到位,注意施工工艺、作法和构造的可行性。

3.7　设计要点

①两条自然式园路相交于一点,所形成的对角不宜相等。道路需要转换方向时,离原交叉点要有一定长度作为方向转变的过渡。如果两条直线道路相交时,可以正交,也可以斜交。为了美观实用,要求交叉在一点上,对角相等,这样显得自然和谐。

②两路相交所成的角度一般不宜小于60°。如果由于实际情

况限制，角度太小，可以在交叉处设立一个三角绿地，使交叉所形成的尖角得以缓和，如图 3-1 所示。

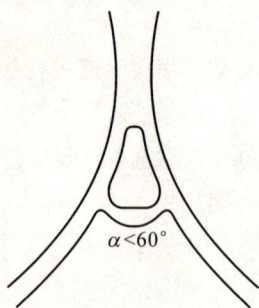

$\alpha < 60°$

图 3-1　两路交叉处设立三角绿地

③如果 3 条园路相交在一起时，3 条路的中心线应交汇于一点上，否则显得杂乱，如图 3-2 所示。

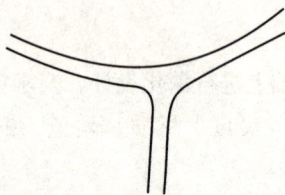

图 3-2　3 条园路汇于一点

④由主干道上发出来的次干道分叉的位置，宜在主干道凸出的位置处，这样就显得流畅自如，如图 3-3 所示。

图 3-3　主干道上发出的次干道分叉的位置

⑤在较短的距离内道路的一侧不宜出现 2 个或 2 个以上的道路交叉口，尽可能避免多条道路交接在一起。如果避免不了，则需在交接处形成一个广场。

⑥凡道路交叉所形成的大小角都宜采用弧线，每个转角要圆润。

⑦自然式道路在通向建筑正面时，应逐渐与建筑物对齐并趋于垂直，在顺向建筑时，应与建筑趋于平行。

⑧两条相反方向的曲线园路相遇时，在交接处要有较长距离的直线，切忌是 S 形。

⑨园路布局应随地形、地貌、地物而变化，做到自然流畅、美观协调。

3.8　园路的竖向设计

园路竖向设计应符合下列规定：

①与道路的平面规划同时进行；

②结合城市用地中的控制高程、沿线地形地物、地下管线、地质和水文条件等进行综合考虑；

③与道路两侧用地的竖向规划相结合，并满足塑造城市街景的要求；

④步行系统应考虑无障碍交通的要求。

道路规划纵坡和横坡的确定，应符合下列规定：

①机动车车行道规划纵坡应符合表 3-1 的规定；海拔 3000 ~ 4000m 的高原城市道路的最大纵坡不得大于 6%。

②非机动车车行道规划纵坡宜小于 2.5%，大于或等于 2.5% 时，应按表 3-2 的规定限制坡长。

③机动车与非机动车混行道路，其纵坡应按非机动车车行道的纵坡取值。

④道路的横坡应为 1% ~ 2%。

表3-1　机动车车行道规划纵坡一览表

道路类别	最小纵坡（%）	最大纵坡（%）	最小坡长（m）
快速路	0.2	4	290
主干路		5	170
次干路		6	110
支路		8	60

表3-2　非机动车道车道规划纵坡与限制坡长一览表

坡度（°）	限制坡长（m）	
	自行车道	三轮车、板车道
3.5	150	—
3.0	200	100
2.5	300	150

3.9　设计形式和类型

滨海园路

临海的园区道路或海边的景观道路的设计，应与海景联系，并注意安全性；植物选配应结合海洋气候，景观设计要以"海"为主题，充分体现"海滨"特色。

滨河园路

河岸处理要自然，道路与河床走向要协调，有利于观赏河景。植物配置以疏林、花丛、草坪为特色，要充分利用河岸地形，形成自然的滨水道路景观带。

滨湖园路

湖边园路多为观赏湖景而建，要与湖区景观融为一体，保持道路的视野开阔和亲水设施的设计，突出湖泊景观特点，景观设计不要与湖区整体相冲突。

起伏园路

起伏园路多在有丘陵的公园和自然公园中，要依地形的竖向变化，利用树林、花丛、花带，组成层次丰富的道路景观。竖向起伏要与平面起伏相结合，注意与山地环境相协调，结合山地，有高有凹，有曲有深。

平原园路

平原园路是最常见的园路，纵向起伏不大，曲折有致，形成较为自然的园路环境。设计时应注意尺度和密度以及布局，考虑不同园路的功能，注意坡度和排水。

4 园路区划

4.1 根据功能划分

园（景）路既是交通线，又是风景线，犹如眉目，亦犹如脉络，既是分隔各个景区的景界，又是联系各个景点的纽带，也是造园的要素，具有导游、组织交通、分划空间界面以及构成园景的艺术作用，常常会成为景园风格形成的艺术导向。西方景园追求形式美、建筑美，园路宽大笔直，交叉对称，成为"规则式景园"；东方，尤其是我国的造园，讲究含蓄、崇尚自然，设计的园路则曲径通幽，以"自然式景园"为特点。

园路分主要园路、次要园路和游步道。主要园路连接各景区，次要园路连接各景点，游步道则通幽，主次分明、层次分布好，将风景联缀在一起，从而组成一个完整的艺术景区。

主要园路

主要园路是景园内的主要道路，从园林景区入口通向全园各主景区、广场、公共建筑、观景点、后勤管理区，形成全园骨架和环路，组成导游的主干路线。主要园路一般宽7~8m，并能适应园内管理车辆的通行要求；路面结构一般采用沥青混凝土、黑色碎石加沥青砂铺面，或用水泥混凝土铺筑，抑或预制混凝土板块（500mm×500mm×100mm）拼装铺设。设有路侧石道牙的，拼装图案要庄重且富有特色，全园尽可能统一协调，盛产石材的地方也可采用青条石铺筑。

次要园路

主要园路的辅助道路即为次要园路，呈支架状，沟通各景区内的景点和景观建筑。路宽依据公园游人容量、流量、功能以及活动内容等因素而定，一般宽 3~4m，车辆可单向通过，为园内生产管理和园务运输服务。其自然曲度大于主要园路的曲度，用优美舒展富有弹性的曲线线条构成有层次的风景画面。路面可不设道牙，这样可使园路外侧边缘平滑，线型流畅。如果设置道牙，最好选用平石(条石)道牙，这样能体现浓郁的自然气息，符合次要园路的特征。

游步道

游步道是园路系统的最末梢，是供游人休憩、散步和游览的通幽曲径，通达园林绿地的各个角落，是到广场和园景的捷径。游步道多选用简洁、粗犷、质朴的自然石材(片岩、条板石、卵石等)，也可以用条砖层铺或用水泥仿塑各类仿生预制板块(含嵌草皮的空格板块)铺设，并采用材料组合的方法以表现其光彩与质感，精心构图，结合园林植物小品建设和起伏的地形，铺设成亲切自然、静谧幽深的自然游览步道。双人行走游步道宽 1.2~1.5m，单人行走游步道宽 0.6~1.0m。

4.2 根据构造形式划分

由于园路所处的绿地环境不同，造景目的和造景环境等都有所不同，在园林中园路可采用不同的结构类型，基本包括下列三种类型。

路堑型

路堑型园路是指园路的路面低于周围绿地，道牙高于路面，起到阻挡绿地水土流失作用的园路，如图 3-4 所示。

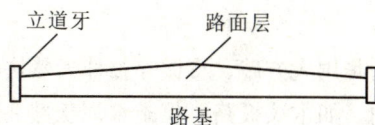

图 3-4　路堑型

路堤型

　　路堤型园路是指路面高于两侧地面，平道牙靠近边缘处，道牙外有路肩，常利用明沟排水，路肩外有明沟和绿地加以过渡，如图 3-5 所示。

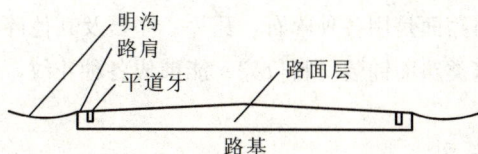

图 3-5　路堤型

特殊型

　　特殊型园路包括步石、汀步、磴道、攀梯等。

4.3　根据铺装材料划分

　　修筑园路所用的材料非常多，因此形成的园路类型也非常多，主要包括下列几种类型。

整体路面

　　整体路面是在园林建设中应用最多的一类，是用水泥混凝土或沥青混凝土铺筑而成的路面。它具有强度高、耐压、耐磨、平整度好的特点，但不便维修，且观赏性较差。由于养护简单、便于清扫，因此多为大公园的主干道所采用，其色彩多为灰和黑色，在园林中使用不够理想，近年来国外已出现了彩色沥青路和彩色水泥路。

块料路面

块料路面是用大方砖、石板等各种天然块石或各种预制板铺装而成的路面，如木纹板路、拉条水泥板路、假卵石路等。这种路面简朴、大方，特别是各种拉条路面，利用条纹方向变化产生的光影效果，加强了花纹的效果，不但有很好的装饰性，而且可以防滑和减少反光强度，并能铺装成形态各异的图案花纹，美观、舒适，同时也便于进行地下施工时拆补，因此在现代绿地中被广泛应用。

碎料路面

碎料路面是用各种碎石、瓦片、卵石及其他碎状材料组成的路面。这类路面铺装材料价廉，能铺成各种花纹，一般多用在游步道中。

简易路面

简易路面是由煤屑、三合土等构成的路面，多用于临时性或过渡性园路。

4.4 根据路面的排水性划分

透水性路面

透水性路面是指下雨时，雨水能及时通过路面结构渗入地下，或者储存在路面材料的空隙中，减少地面积水的路面。其做法既有直接采用吸水性好的面层材料，也有将不透水的材料干铺在透水性基层上，包括透水混凝土、透水沥青、透水性高分子材料以及各种粉粒材料路面、透水草皮路面和人工草皮路面等。这种路面可减轻排水系统负担，保护地下水资源，有利于生态环境，但平整度、耐压性往往存在不足，养护量较大，因此主要应用于游步道、停车场、广场等处。

非透水性路面

非透水性路面是指吸水率低，主要靠地表排水的路面。不透水的现浇混凝土路面、沥青路面、高分子材料路面以及各种在不透水基层上用沙浆铺贴砖、石、混凝土预制块等材料铺成的园路都属于此类。这种路面平整度和耐压性较好，整体铺装的可用作机动交通、人流量大的主要园路，块材铺筑的则多用作次要园道、游步道、广场等。

5 园路用材介绍

5.1 园路材料分类

最普遍使用的铺装材料是沥青，如果追溯使用沥青进行铺装的历史，最早出现在公元 500~600 年时的古巴比伦王国。据记载，当时曾用砖和沥青铺设修建过道路。除沥青之外，现在还有一些材料被广为使用，如水泥，大理石、花岗岩等天然石材，木材，陶瓷材料，丙烯树脂、环氧树脂等高分子材料。

沥青、水泥及高分子材料主要是作为黏合料与骨材和颜料一起使用。这种铺装的物理属性受材料的影响，但更多的是受掺入的骨材及添加材料的情况所左右。与之相反，石材、木材及陶瓷材料更多的是制成块状使用。

常见园路材料分类见表 3-3。

表 3-3　常见园路材料分类及应用

材料	应用路面	应用场所
沥青	沥青路面	车道、人行道、停车场等
	透水性沥青路面	人行道、停车场等
	彩色沥青路面	人行道、广场等
混凝土	混凝土路面	车道、人行道、停车场、广场等
	水洗小砾石路面	园路、人行道、广场等
	卵石铺砌路面	园路、人行道、广场等

（续）

材料	应用路面	应用场所
混凝土	混凝土板路面	人行道等
	彩板路面	人行道、广场等
	水磨平板路面	人行道、广场等
	仿石混凝土预制板路面	人行道、广场等
	混凝土平板瓷砖铺面路面	人行道、广场等
	嵌镶形砌块路面	干道、人行道、广场等
块砖	普通黏土砖路面	人行道、广场等
	砖砌块路面	人行道、广场等
	澳大利亚砖砌块路面	人行道、广场等
花砖	釉面砖路面	人行道、广场等
	陶瓷锦砖路面	人行道、广场等
	透水性花砖路面	人行道、广场等
天然石	小料石路面（毁石路面）	人行道、广场、池畔等
	铺石路面	人行道、广场等
	天然石砌路面	人行道、广场等
沙砾	现浇环氧沥青塑料路面	人行道、广场等
	沙石铺面	步行道、广场等
	碎石路面	停车场等
	石灰岩粉路面	公园广场等
沙土	沙土路面	园路等
土	黏土路面	公园广场等
	改善土路面	园路、公园广场等
木	木砖路面	园路、游乐场等
	木地板路面	园路、露台等
	木屑路面	园路等
草皮	透水性草皮路面	停车场、广场等
合成树脂	人工草皮路面	露台、屋顶广场等
	弹性橡胶路面	露台、屋顶广场、过街天桥等
	合成树脂路面	体育用

5.2 | 常见园路材料应用结构

常见园路材料应用结构见表3-4。

表3-4　常见园路材料应用结构

类型	材料	结构图例
石板嵌草路	1）100mm厚石板 2）50mm厚黄沙 3）素土夯实 注：石缝30~50mm嵌草	
卵石嵌花路	1）70mm厚预制混凝土嵌卵石 2）50mm厚#25混合沙浆 3）一步灰土 4）素土夯实	
方砖路	1）500mm×500mm×100mm#150混凝土方砖 2）50mm厚粗沙 3）150~250mm厚灰土 4）素土夯实 注：胀缝加10mm×95mm橡皮条	

（续）

类型	材料	结构图例
水泥混凝土路	1）80～150mm，混凝土 2）80～120mm，厚碎石 3）素土夯实	注：基层可用二渣（水碎渣、散石灰）、三渣（水碎渣、散石灰、道渣）
卵石路	1）70mm，混凝土，上栽小卵石 2）30～50mm，混合沙浆 3）150～250mm，碎砖三合土 4）素土夯实	
沥青碎石路	1）10mm，二层柏油表面处理 2）50mm，泥结碎石 3）150mm，碎砖或白灰、煤渣 4）素土夯实	
羽毛球场铺地	1）20mm，1：3水泥沙浆 2）80mm，1：3：6水泥、白灰、碎砖 3）素土夯实	

（续）

类型	材料	结构图例
步石	1）大块毛石 2）水泥沙浆 3）基石用毛石或 100mm 厚水泥混凝土板 4）素土夯实	
块石汀步	1）大块毛石 2）水泥沙浆 3）基石用毛石或 100mm 厚水泥混凝土板 4）素土夯实	
荷叶汀步	钢筋混凝土现浇	
透气透水性路面	1）60mm 厚彩色水泥砭异型砖 2）20mm 厚 1：3 石灰沙浆 3）150mm 天然级配砂砾 4）50mm 厚粗沙或中沙 5）素土夯实	

5.3 园路基层材料

园路基层材料一般用碎(砾)石、灰土或各种工业废渣等。

干结碎石

干结碎石基层是指在施工过程中，不洒水或少洒水，依靠充分压实及用嵌缝料充分嵌挤，使石料间紧密锁结所构成的具有一定强度的结构，一般厚度为 8～16cm，适用于园路中的主路等。

材料规格要求：石料强度不低于 8 级，软硬不同的石料不能掺用；碎石最大粒径视厚度而定，一般不宜超过厚度的 0.7 倍，50mm 以上的大粒料约占 70%～80%，0.5～20mm 粒料约占 5%～15%，其余为中等粒料。

选料时先将大小尺寸大致分开，分层使用。长条、扁片含量不宜超过 20%，否则应就地打碎作嵌缝料用。结构内部空隙应尽可能填充粗沙、石灰土等材料(具体数量根据试验确定)，其数量在 20%～30% 左右。

天然级配沙砾

天然级配砂砾是用天然的低塑性砂料，经摊铺整型并适当洒水碾压后所形成的具有一定密实度和强度的基层结构。它的一般厚度为 10～20cm，如果厚度超过 20cm 应分层铺筑。适用于园林中各级路面，特别是有荷载要求的嵌草路面，如草坪停车场等。

材料规格要求：沙砾颗粒坚韧，大于 20mm 的粗骨料含量占 40% 以上，其中最大料径不大于基层厚度的 0.7 倍，即使基层厚度大于 14cm，沙石材料最大料径一般也不得大于 10cm。5mm 以下颗粒的含量应小于 35%，塑性指数不大于 7。

石灰土

在粉碎的土中掺入适量的石灰，按照一定的技术要求，把土、灰、水三者拌和均匀，在最佳含水量的条件下成型的这种结构称为石灰土基层。

　　石灰土力学强度高，有较好的整体性、水稳性和抗冻性。它的后期强度也高，适用于各种路面的基层、底基层和垫层。为达到要求的压实度，石灰土基一般应用不小于12t的压路机等压实工具进行碾压。每层的压实厚度最小不应小于8cm，最大也不应大于20cm，如果超过20cm，应分层铺筑。

　　材料规格要求如下。

　　土　各种成因的塑性指数在4以上的沙性土、粉性土、黏性土均可用于配制石灰土。

　　塑性指数7～17的黏性土类，易于粉碎均匀，便于碾压成型，铺筑效果较好。人工拌和，应筛除1.5cm以上的土颗粒。

　　土中的盐分及腐殖质对石灰有不良影响，对于硫酸含量超过0.8%，或腐殖质含量超过10%的土类，均应事先通过试验，参考已有经验予以处理。土中不得含有树根、杂草等物。

　　石灰　石灰质量应符合标准。应尽可能缩短石灰存放时间，最好在出厂后3个月内使用，否则应采取封土等有效措施。

　　石灰土的石灰剂量按熟石灰占混合料总干重的百分率计算。石灰剂量的大小应根据结构层所在的位置要求的强度、水稳性、冰冻稳定性和土质、石灰质量、气候及水文条件等因素，参照已有经验来确定。

　　水　一般露天水源及地下水源均可用于石灰土施工。如果水质可疑，应事先进行试验，经鉴定后才能使用。

　　混合料的最佳含水量和最大密实度　石灰土混合料的最佳含水量及最大密实度(即最大干容重)随土质及石灰的剂量不同而不同。最大密度随着石灰剂量的增加而减少，而最佳含水量随着石灰剂量增加而增加。

煤渣石灰土

　　煤渣石灰土也称二渣土，是以煤渣、石灰(或电石渣、石灰下脚)和土三种材料，在一定的配比下，经拌和压实而形成强度较高的一种基层。

煤渣石灰土具有石灰土的全部优点，同时还由于有粗粒料作骨架，其强度、稳定性和耐磨性均比石灰土好。另外，由于它的早期强度高，还有利于雨季施工，而且其隔温、防冻、隔泥排水性能也优于石灰土，适用于地下水位较高或靠近湖边的道路铺装场地。煤渣石灰土对材料要求不太严，允许范围较大，一般最小压实厚度应不小于10cm，但也不宜超过20cm，大于20cm时应分层铺筑。

表3-5 煤渣石灰土配比参考

混合料名称	材料数量(质量分数)(%)		
	消石灰	土	煤渣
煤渣石灰土	6~10	20~25	65~74
	12	30~60	28~58

二灰土

二灰土是以石灰、粉煤灰与土，按一定的配比混合、加水拌匀碾压而成的一种基层结构，它具有比石灰土还高的强度，有一定的板体性和较好的水稳性。适用于二灰土的材料要求不高，一般石灰下脚和就地土都可利用，在产粉煤灰的地区均有推广的价值。由于二灰土都是由细料组成，对水敏感性强，初期强度低，在潮湿寒冷季节结硬很慢，因此冬季或雨季施工较为困难。为了达到要求的压实度，二灰土每层厚度最小不宜小于8cm，最大不超过20cm，大于20cm时应分层铺筑。

5.4 园路结合层材料

一般用M7.5水泥、白灰、混合砂浆或1:3白灰砂浆。砂浆摊铺宽度应大于铺装面5~10cm左右，已拌好的砂浆应当日用完，也可用3~5cm的粗沙均匀摊铺而成。特殊的石材铺地，如整齐石块和条石块，结合层采用M10水泥砂浆。

与普通混凝土相比，砂浆又称骨料混凝土，在建筑工程中用途非常广泛，其主要用途如下：

①在砖石结构中，将砖、石、砌块胶结成砌体。

②用于室内外基础、墙面、地面、天棚及钢筋混凝土梁、柱等表面抹灰。

③镶贴大理石、水磨石、陶瓷面砖等饰面的黏接材料。

④用作管道、大板等接头及接缝材料。

5.6 园路道牙、台阶材料

道牙

道牙一般用砖或混凝土制成，在园林中也可以用瓦、大卵石等制成。

台阶

许多材料都可以作台阶。以石材来说就有自然石(如六方石、圆石、鹅卵石)及整形切石、石板等；木材则有杉、桧等的角材或圆木柱等；其他材料如红砖、水泥砖、钢铁等都可以选用；除此之外，还有各种贴面材料，如石板、洗石子、磨石子、瓷砖等。选用材料时要从各方面考虑，基本条件是坚固耐用，耐湿耐晒。

6 园路的施工流程

园路的施工操作流程如下：

放线→路槽填挖夯实→铺筑基层、夯实→结合层、铺装→道路牙铺筑→面层铺筑→面层装饰→面层清洗→养护。

6.1 园路施工测量

恢复中线

道路中线即道路的中心线，用于标志道路的平面位置。道路中线在道路勘测设计的定测阶段已经以中线桩(里程桩)的形式标定在线路上，此阶段的中线测量配合道路的纵、横断面测量，用来为设计提供详细的地形资料，并可以根据设计好的道路，来计算施工过程中需要填挖土方的数量。设计阶段完成后，在进行施工放线时，由于勘测与施工有一定的间隔时间，定测时所设中线桩点可能丢失、损坏或移位，因此这时的中线测量主要是对原有中线进行复测、检查和恢复，以确保道路按原设计施工。

恢复中线是将道路中心线具体恢复到原设计到地面上。

道路中线的平面线形由直线和曲线组成，如图3-6所示。

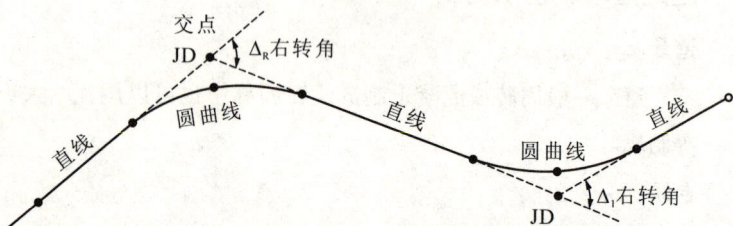

图3-6 恢复中线测量示意

路线交点和转点的恢复 路线的交点（包括起点和终点）是详细测设中线的控制点。一般先在初测的带状地形图上进行纸上定线，然后将图上确定的路线交点位置标定到实地。定线测量中，当相邻两交点互不通视或直线较长时，需要在其连线上测定一个或几个转点，以便于在交点测量转角和直线量距时作为照准和定线的目标。直线上一般每隔200~300m设一转点，另外在路线与其他道路交叉处以及路线上需设置桥、涵等构筑物处，也要设置转点。

路线转角的恢复 在路线的交点处应根据交点前、后的转点或交点，测定路线的转角，通常通过测定路线前进方向的右角β来计算路线的转角，如图3-7所示。

当β180°时为右偏角，表示线路向右偏转；当β180°时为左偏角，表示线路向左偏转。转角的计算公式为：

$$\begin{cases} \Delta_R = 180° - \beta \\ \Delta_L = \beta - 180° \end{cases} \tag{3-1}$$

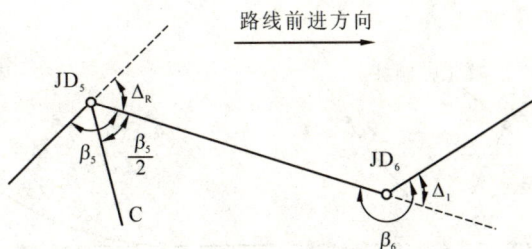

图 3-7   路线转角的定义

在 β 角测定以后，直接定出其分角线方向 C，在此方向上钉临时桩，以作此后测设道路的圆曲线中点之用。

施工控制桩的测设

由于中桩在施工中要被挖掉，为了在施工中控制中线位置，就需要在不易受施工破坏、便于引用、易于保存桩位的地方，测设施工控制桩。测设方法有以下两种：

平行线法   如图 3-8 所示，平行线法是在路基以外测设两排平行于中线的施工控制桩。该方法多用于地势平坦、直线段较长的线路。为了施工方便，控制桩的间距一般取 10 ~ 20m。

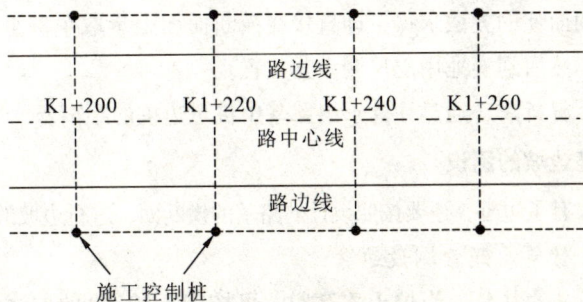

图 3-8   平行线法定施工控制桩

延长线法   延长线法是在道路转折处的中线延长线上以及曲线中点(QZ)至交点(JD)的延长线上打下施工控制桩。延长线法多用于地势起伏较大、直线段较短的山地公路。主要控制 JD 的位置，控制桩到 JD 的距离应量出。如图 3-9 所示。

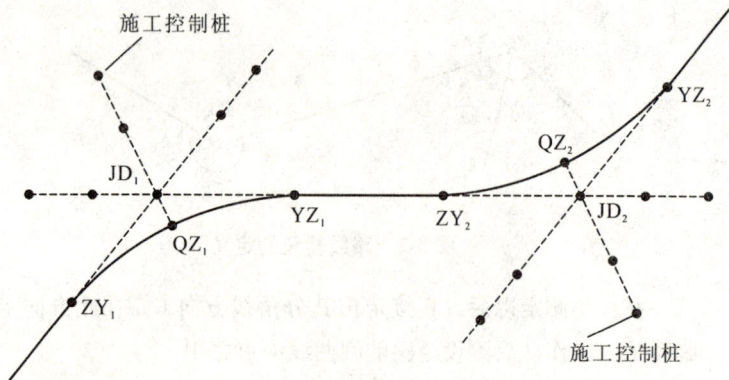

图 3-9　延长线法定施工控制桩

路基边桩的测设

　　路基施工前，应把路基边坡与原地面相交的坡脚点(或坡顶点)找出来，以便于施工。路基边桩的位置按填土高度或挖土深度、边坡坡度及断面的地形情况而定。常用的路基边桩测设方法如下。

　　图解法　在勘测设计时，地面横断面图及路基设计断面都已绘在毫米方格纸上，因此当填挖方不很大时，路基边桩的位置可采用简便的方法求得，即直接在横断面图上量取中桩至边桩的距离，然后到实地用皮尺测设其位置。

　　解析法　通过计算求出路基中桩至边桩的距离。

路基边坡的测设

　　有了边桩，还要按照设计的路基的横断面，进行边坡的测设。

　　竹竿、绳索测设边坡

　　一次挂线　当填土不高时，可按图 3-10(a)的方法一次把线挂好。

　　分层挂线　当路堤填土较高时，采用此法较好。在每层挂线前应当标定中线，并抄平。如图 1-30b 所示，O 为中桩，A、B 为边桩。先在 C、D 处定杆、带线。C、D 线为水平，$D_{0,C} = D_{0,D}$，根据 CD 线的高程，O 点位置，计算 O_1C 与 O_1D 距离，使满足填土宽度和坡度要求。

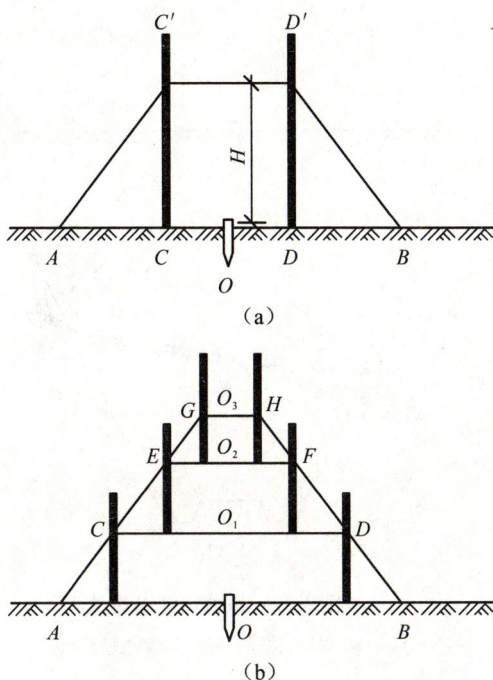

（a）

（b）

图3-10　路基边坡测设

（a）一次挂线放边坡；（b）多次挂线放边坡

用边坡尺测设边坡

用活动边坡尺测设边坡　如图3-11（a）所示，三角板为直角架，一角与设计坡度相同，当水准气泡居中时，边坡尺的斜边所示的坡度正好等于设计边坡的坡度，可依此来指示与检核路堤的填筑，或检查路堑的开挖。

用固定边坡样板测设边坡　如图3-11（b）所示，在开挖路堑时，于顶外侧按设计坡度设定固定样板，施工时可随时指示并检核开挖和修整情况。

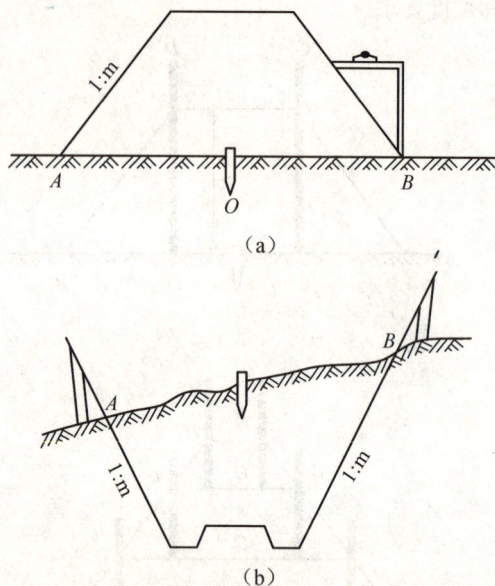

图 3-11　边坡尺测设边坡

(a)活动边坡尺；(b)固定边坡样板

6.2　路基施工

测量放样

造型复测和固定

①复测并固定造型及各观点主要控制点，恢复失落的控制桩。

②复测并固定为间接测量所布设的控制点，如三角点、导线点等桩。

③当路线的主要控制点在施工中有被挖掉或埋掉的可能时，则应依据当地地形条件和地物情况采用有效的方法进行固定。

路线高程复测　控制桩测好后，立即于路线各点均匀进行水平测量，以复测原水准基点标高和控制点地面标高。

路基放样

①根据设计图表定出各路线中桩的路基边缘、路堤坡脚及路

堑坡顶、边沟等具体位置，定出路基轮廓。根据分幅施工的宽度，作好分幅标记，并测出地面标高。

②　路基放样时，在填土没有进行压实前，考虑预加沉落度，同时考虑修筑路面的路基标高校正值。

③　路基边桩位置可根据横断面图量得，并根据填挖高度及边坡坡度实地测量校核。

④　为标出边坡位置，在放完边桩后要进行边坡放样，可采用麻绳竹竿挂线法结合坡度样板法，并在放样中考虑预压加沉落度。

⑤　机械施工中，要设置牢固而明显的填挖土石方标志，施工中随时检查，一旦发现被碰倒或丢失立即补上。

挖方

根据测放出的高程，使用挖土机械挖除路基面以上的土方，一部分土方经检验合格用于填方，余土运到有关单位指定的弃土场。

填筑

填筑材料可利用路基开挖出的可用作填方的土、石等适用材料。填筑的材料应先做试验，并将试验报告及其施工方案提交监理工程师批准。其中路基采用水平分层填筑，最大层厚不超过30cm，应从水平方向逐层向上填筑，并形成2%～4%的横坡，以便于排水。

碾压

采用振动压路机碾压，碾压时横向接头的轮迹重叠宽度为40～50cm，前后相邻两区段纵向重叠1～1.5m；碾压时做到无漏压、无死角并保证碾压均匀。碾压时，先压边缘，后压中间；先轻压，后重压。填土层在压实前应先整平，并应作2%～4%的横坡。当路堤铺筑到结构物附近的地方，或铺筑到无法采用压路机压实的地方，可使用人工夯锤予以夯实。

6.3 垫层施工

垫层是承重和传递荷载的构造层。垫层工程内容包括底层平整及原材料处理、洒水拌合、分层铺设、找平压实、养护、砂浆调制运输等过程。

垫层施工基本概念

① 底层平整。填挖土方使底层土地平坦整齐。

② 拌合。将两种或两种以上的混合物混合搅拌均匀。

③ 铺设。将上面拌合好的垫层材料铺垫在素土基础上。

④ 找平。将所铺设的垫层材料整平。

⑤ 压实。利用人力或打夯机的作用,使上面找平后的垫层材料变得密实。

⑥ 养护。混凝土浇筑后的初期,在凝结硬化过程中进行湿度和温度控制,以利于混凝土获得设计要求的物理力学性能。

⑦ 砂浆调制。将沙子和胶结材料(水泥、石灰膏、黏土等)加水按一定比例混合调制。

⑧ 运输。运输就是将按一定比例拌合好的砂浆运到现场工地上。

灰土垫层

灰土垫层是用消石灰和黏土(或粉质黏土、粉土)的拌合料铺设而成,应铺在不受地下水浸湿的基土上,其厚度一般不小于100mm。

材料要求 消石灰应采用生石灰块,使用前3~4天予以消解,并加以过筛,其粒径不得大于5mm,不得夹有未熟化的生石灰块,也不得含有过多水分;土料直接采用就地挖出的土,不得含有有机杂质,使用前应过筛,其粒径不得大于15mm;灰土的配合比(体积比)一般为2:8或3:7。

施工要点 灰土拌合料应保证比例准确、拌合均匀、颜色一致,适当控制含水量;拌好后及时铺设夯实,应分层铺平夯实,每层虚铺厚度一般为 150～250mm，夯实到 100～150mm。人工夯实可采用石夯或木夯，夯重 40～80kg，路高 400～500mm，一夯压半夯，每层灰土的夯打遍数应根据设计要求的干密度在现场试验确定，上下两层灰土的接缝距离不得小于 500mm，在施工间歇后和继续铺设前，接缝处应清扫干净，并应重叠夯实。夯实后的表面应平整，经适当晾干后，才能进行下道工序的施工。灰土的质量检查宜用环刀（环刀体积不小于 200cm³）取样，测定其干密度。

沙垫层

沙垫层是用沙铺设而成，沙垫层的厚度不小于 60mm。

材料要求　沙中不得含有草根等有机杂质，冻结的沙不得使用。

施工要点　用表面振捣器捣实时，每层虚铺厚度为 200～500mm，最佳含水量为 15%～20%，要使振捣器往复振捣；用内部振捣器捣实时，每层虚铺厚度为振捣器的插入深度，最佳含水量为饱和，振捣时不应插到基土上，振捣完毕后，所留孔洞要用沙填塞；用木夯或机械夯实时，每层虚铺厚度为 150～200mm，最佳含水量为 8%～12%，一夯压半夯全面压实；用压路机碾压时，每层虚铺厚度为 250～300mm，最佳含水量为 8%～12%，要往复碾压；沙垫层的质量检查可用容积不小于 200cm³ 的环刀取样，测定其密度，以不小于该沙料在中密状态下的干密度数值为合格，中沙在中密状态的干密度一般为 1.55～1.60g/cm³。

天然级配沙石垫层

天然级配沙石垫层是用天然沙石铺设而成，其厚度不小于 100mm。

材料要求　沙和石子不得含有草根等有机杂质，冻结的沙和冻结的石子均不得使用，石子的最大粒径不得大于垫层厚度的 2/3。

施工要点　各类振捣器捣实要点同沙垫层施工捣石要点；沙石垫层的质量检查可在垫层中设置纯沙检查点，在同样施工条件下，按沙垫层质量检查方法及要求检查。

素混凝土垫层

素混凝土垫层是用不低于 C10 的混凝土铺设而成的，其厚度不应小于 60mm。

材料要求 水泥可采用硅酸盐水泥、普通硅酸盐水泥、炉渣硅酸盐水泥、火山灰质硅酸盐水泥和粉煤灰硅酸盐水泥；沙、石的质量应符合《普通混凝土用沙、石质量及检验方法标准》（JGJ 52—2006），石的粒径不得大于垫层厚度的 1/4；水宜用饮用水。

施工要点 混凝土的配合比应通过计算和试配决定，混凝土浇筑时的坍落度宜为 1～3cm，混凝土应拌合均匀。浇筑混凝土前，应消除淤泥和杂物，如基土为干燥的非黏性土，应用水湿润。捣实混凝土宜采用表面振捣器，表面振捣器的移动间距应能保证振捣器的平板覆盖已振实部分的边缘，每一振处应使混凝土表面呈现浮浆和不再沉落；垫层边长超过 3m 的应分仓进行浇筑，其宽度一般为 3～4m。分格缝应结合变形缝的位置，按不同材料的地面连接处和设备基础的位置等划分。混凝土浇筑完毕后，应在 12h 以内用草帘加以覆盖和浇水，浇水次数应能保持混凝土具有足够的润湿状态，浇水养护日期不少于 7d，混凝土强度达到 1.2MPa 后，才能在其上做面层。

6.4 园路路口施工

园林道路系统有套环式、条带式和树枝式三种布局形式。这三种园路系统中，道路与道路相交叉，道路与场地相贯通，道路与建筑相连接，都必定会产生许多的路口。路口是园路建设的重要组成部分，必须精心施工，做好安排。

路口施工的基本要求

从规则式园路系统和自然式园路系统的相互比较情况看来，规则式园路系统中十字路口比较多，而自然式园路系统中则以三岔路口为主，其处理方式也相应的不同，具体见表3-6。

表3-6 园路路口形式及其转角处理

园路路口形式	转角处理
	应避免多条路交叉
	山路可锐角相交
	平地路交叉时应尽量正相交
	减少主路上路口
	不宜成尖角相交，应相交为圆角
	阴角为直角，阳角为圆角

尽量采取正相交方式 道路相交时，除山地陡坡地形之外，一般均应尽可能采取正相交方式。斜相交时，斜交角度如果呈锐角，其角度也要尽可能不小于60°，锐角部分还应采用足够的转弯半径，设计为圆形的转角。路口处形成的道路转角，如果属于阴角，可保持直角状态，如果属于阳角，则应设计为斜边或改成圆角。

尽量减少相交道路的条数 在自然式系统中过多采用十字路口将会降低园路的导游特性，有时甚至能导致游览路线的紊乱，严重影响游览活动。因此在规则式园路中，从加强导游性来考虑，路口设置也应少一些十字路口，多一些三岔路口。在路口处，要尽可能减少相交道路的条数，以免因路口过于集中而导致游人在路口处犹疑不决、无所适从的现象。

具有中央花坛的路口按照规则式进行 园路交叉口中央设计有花坛、花台时，各条道路都要以其中心线与花坛的轴心相对，不要与花坛边线相切。路口的平面形状应与中心花坛的形状相似或相适应。具有中央花坛的路口都应按照规则式地形进行设计。

路口考虑安全视距 通车园路和城市绿化街道的路口要注意车辆通行的安全，防止交通冲突。在路口设计或路口的绿化设计中，要按照路口视距三角形关系留足安全视距。由两条相交园路的停车视距作为直角的边长，在路口处所形成的三角形区域即视距三角形，在此三角形内不得有阻碍驾驶人员视线的障碍物存在。

园路与建筑物的交接

在园路与建筑物的交接处常常能形成路口。从园路与建筑相互交接的实际情况来看，一般都是在建筑近旁设置一块较小的缓冲场地，园路则通过这块场地与建筑相交接。但一些起过道作用的建筑，如游廊、路亭等，也常常不设缓冲小场地。根据对园路和建筑相互关系的处理和实际工程设计中的经验，可以采用以下几种方式来处理二者之间的交接关系，具体见表3-7。

表 3-7　园路与建筑的交接形式

交接形式	形式	图　例
平行交接	平顺式	
	弯道型	
正对交接	十字式	
	丁字式	
	通道式	
	尽端式	

（续）

交接形式	形式	图　例
侧对交接	正面侧对	
	侧面侧对	

平行交接　建筑的长边与园路中心线相平行，园路与建筑的交接关系是相互平行的关系。其具体的交接方式还可分为弯道型和平顺型两种。

正对交接　园路中心线与建筑长轴相垂直，并正对建筑物的正中部位，与建筑相交接。根据正对交接形成路口的情况，这种交接方式还可以有十字形正交、丁字形正交、尽端式正交和通道式正交四种具体处理方式。

侧对交接　园路中心线与建筑长轴相垂直，并从建筑正面的一侧相交接；或者，园路从建筑的侧面与其交接，这些都属于侧对交接。因此，侧对交接也有侧面正对和正面侧对两种处理情况。

实际处理园路与建筑的交接关系时，一般都应尽可能避免以斜路相交，尤其是正对建筑某一角的斜交，冲突感很强，最好加以改变。对不得不斜交的园路，要在交接处设一段短的直路作为过渡，或者将交接处形成的锐角改为圆角。

园路与广场的交接

园路与广场的交接，主要受场地设计形式的制约。

　　与规则式场地的交接　场地形状是规则式的，则园路与其交接的方式与和建筑交接时相似，即可有平行交接、正对交接和侧对交接等方式。对于圆形、椭圆形场地，园路在交接中要注意应以中心线对着场地轴心（即圆心）进行交接，而不要随意与圆弧相切交接。这就是说，在圆形场地的交接应当是严格规则对称的，因为圆形场地本身就是一种多轴对称的规则形。

　　与自然式场地的交接　如果与不规则的自然式场地相交接，园路的接入方向和接入位置可不受多少限制，只要不影响园路的通行、游览功能和场地的使用功能即可，采取何种交接方式完全可依据设计而定。以图中自然式场地交接情况为例，园路如果从场地正中接入，则使路口左右两侧的场地都被挤压缩小，对场地本身的使用就会有很大的影响；如果从场地一侧接入园路，则场地另一侧保留的面积比较大，场地功能所受的影响就比较小。

6.5　阶梯与蹬道的施工

阶梯与蹬道的施工要求

　　砖石阶梯踏步　以砖或整形毛石为材料，M2.5 混合沙浆砌筑台阶与踏步，砖踏步表面按设计可用 1:2 水泥沙浆抹面，也可做成水磨石踏面，或者用花岗石、防滑釉面地砖作贴面装饰。根据行人在踏步上行走的规律，一步踏的踏面宽度应设计为 28～38cm，适当再加宽一点也可以，但不宜宽过 60cm；二步踏的踏面可以宽 90～100cm。每一级踏步的宽度最好一致，不要忽宽忽窄。每一级踏步的高度也要统一，不得高低相间，一级踏步的高度一般情况下应设计为 10～16.5cm，低于 10cm 时行走不安全，高于 16.5cm 时行走较吃力。

　　儿童活动区的梯级道路，其踏步高应为 10～12cm，踏步宽不超过 46cm。一般情况下，园林中的台阶梯道都要考虑伤残人轮椅车和自行车推行上坡的需要，要在梯道两侧或中带设置斜坡道。梯道太长时，应当分段插入休息缓冲平台，梯道每一段的梯级数最好控制在 25 级以下，缓冲平台的宽度应在 1.58m 以上，太窄时不能起到缓冲作用。在设置踏步的地段上,踏步的数量至少应为 2~3 级,如果只有一级而又没有特殊的标记,则容易被人忽略,使人绊跤。

混凝土踏步道 一般将斜坡上素土夯实,坡面用 1:3:6 三合土(加碎砖)或 3:7 灰土(加碎砖石)作垫层并筑实,厚 6~10cm;其上采用 C10 混凝土现浇做踏步。踏步表面的抹面可按设计进行。每一级踏步的宽度、高度以及休息缓冲平台、轮椅坡道的设置要求等都与砖石阶梯踏步相同,可参照进行设计。

山石蹬道 在园林土山或石假山及其他一些地方,为了与自然山水园林相协调,梯级道路不采用砖石材料砌筑成整齐的阶梯,而是采用顶面平整的自然山石,依山随势地砌成山石蹬道。山石材料可根据各地资源情况选择,砌筑用的结合材料可用石灰沙浆,也可用 1:3 水泥沙浆,还可以采用山土垫平塞缝,并用片石刹垫稳当。踏步石踏面的宽窄可在 30~50cm 之间变动。踏面高度应统一,一般为 12~20cm。设置山石蹬道的地方本身就是供登攀的,所以踏面高度大于砖石阶梯。

攀岩天梯梯道 这种梯道是在风景区山地或园林假山上最陡的崖壁处设置的攀登通道。一般是从下至上在崖壁凿出一道道横槽作为梯步,如同天梯一样。梯道旁必须设置铁链或铁管矮栏并固定在崖壁壁面,作为攀登时的扶手。

台阶的施工要求

①通常对于室外台阶设计,如果降低踢板高度、加大踏板宽度,可提高台阶舒适性。

②踢板高度(h)与踏板宽度(b)的关系为:$2h + b = 60 \sim 65cm$。

③如果踢板高度设在 10cm 以下,行人上、下台阶易磕绊,比较危险。因此,应当提高台阶上、下两端路面的排水坡度,调整地势,或者取消台阶,或者将踢板高度设在 10cm 以上,也可以考虑做成坡道。

④如果台阶长度超过 3m,或是需要改变攀登方向,为了安

全，应在中间设置一个休息平台，通常平台的深度为 1.5m 左右。

⑤踏板应设置 1% 左右的排水坡度。

⑥踏面应作防滑饰面，天然石台阶不要做细磨饰面。

⑦落差大的台阶，为防止降雨时雨水自台阶上瀑布般跌落，应在台阶两端设置排水沟。

⑧台阶的特殊处理如下：

◎如果踢板高在 15cm 以下、踏板宽在 35cm 以上，则台阶宽度应定为 90cm 以上，踢进为 3cm 以下。

◎踏面特别需要做防滑处理。

◎为便于上、下台阶，在台阶两侧或中间设置扶栏，扶栏的标准高度为 80cm，一般在距台阶的起、终点约 30cm 处做连续设置。

◎台阶附近的照明应保证一定照度。

6.6 | 道牙的施工

道牙的作用

道牙是一种为保证行人及路面安全，进行交通诱导，保留水土，保护植栽，以及区分路面铺装等而设置在车道与人行道分界处、路面与绿地分界处、不同铺装路面分界处等位置的构筑物。

道牙设置施工要点

①在公共车道与步行道分界处设置道牙，一般利用混凝土制"步行道车道分界道牙砖"，设置高 15cm 左右的街渠或 L 形边沟。如果在建筑区内，街渠或边沟的高度则为 10cm 左右。

②区分路面的道牙，要求铺筑高度统一、整齐，道牙一般采用"地界道牙砖"。设在建筑物入口处的道牙，可采用与路面材料搭配协调的花砖或石料铺筑。

在混凝土路面、石路面、花砖路面等与绿色的交界处可不设道牙。但对沥青路面，为确保施工质量，则应当设置道牙。

6.7 边沟的施工

边沟

边沟是一种设置在地面上用于排放雨水的排水沟。其形式多种多样，有铺设在道路上的"L"形边沟，步车道分界道牙砖铺筑的街渠，铺设在停车场内园路上的碟形边沟，以及铺设在用地分界点、入口等场所的"L"形边沟（"U"字沟）。此外，还有窄缝样的缝形边沟和与路面融为一体的加装饰的边沟。

边沟所使用的材料一般为混凝土，有时也采用嵌砌小砾石。

"U"形边沟沟算的种类比较多，如混凝土制算、铸铁格栅算、镀锌格栅算、不锈钢格子算等。

边沟的设置要点

①应按照建设项目的排水总体规划指导，参考排放容量和排水坡度等因素，再决定边沟的种类和规模尺寸。

②总体而言，雨水排除是针对建筑区内部的雨水排放处理，因此，应在建筑区的出入口处设置边沟（主要是加格栅算的"U"字沟）。

③使用"L"形边沟，如果是路宽6m以下的道路，应采用C20型钢筋混凝土"L"形边沟。对于6m以上宽的道路，应在双侧使用C30或C35钢筋混凝土"L"形边沟。

④"U"形沟，常选用240型或300成品预制件。

⑤用于车道路面上的"U"形边沟，其沟算应采用能够承受通行车辆荷载的结构，而且最好选择可用螺栓固定不产生噪声的沟算。

⑥步行道、广场上的"U"形沟沟算，应选择细格栅类，防止行人的高跟鞋陷入其中。

在建筑的入口处，一般不采用"L"形边沟排水，而是以缝形边沟、集水坑等设施排水，防止破坏入口处的景观。

道旁"U"形沟，上覆细格栅，既利于排水，又不妨碍行走。

路面中部拱起，两边设有边沟，便于排水。

车行道排水多用带铁篦子的"L"形边沟和"U"形边沟；广场地面多用蝶形状和缝形边沟；铺地砖的地面多用加装饰的边沟，要注重色彩的搭配；平面型边沟水篦格栅宽度要参考排水量和排水坡度确定，一般采用 250～300mm；缝型边沟一般缝隙不小于 20mm。

园路道牙以天然石材为主，缘石高度应低于 20cm，或不使用缘石，以保持人与景观之间亲切的尺度。

6.8　附属工程施工

明渠

明渠是常用的排水设施，在园林、公园和庭院景观环境中更为多见。一般采用砖、卵石、石板、混凝土砖等材料铺砌而成。明渠暴露在道路平面，因此通常为宽底，下凹较浅，在排水的同时还起到拓宽路面、分界路面的作用。常用明渠形式见表3-8。

土质明沟按设计挖好后，应对沟底及边坡适当夯压。

砖(或块石)砌明沟，按设计将沟槽挖好后，充分夯实。通常以 MU7.5 砖(或 80～100 厚块石)用 M2.5 水泥沙浆砌筑，沙浆应饱满，表面平整、光洁。

表3-8　常用明渠形式

形式	图例
混凝土边沟	
加盖明沟	

（续）

形式	图例
砖或石板明沟	
块石明沟	
小卵石明沟	
大卵石明沟	

雨水井

　　雨水井是一般道路最为常用的排水方式，排水速度快，对路面影响较小。雨水井排水口通常与道路持平或略低于路面，地基下铺设专用排水管道，顶部覆井盖，起分隔遮挡杂物和安全防护的作用。常见的雨水井可分为渗井和集水井两种。雨水井不仅在人们的日常生活中起着十分重要的作用，在现代社会中也越来越重视其外观的艺术性。

　　对于先期的雨水口，园路施工(特别是机具压实或车辆通行)时应注意保护。如果有破坏，应及时修筑。一般雨水口进水篦子的上表面低于周围路面2～5cm。

7　园路施工技术要点

7.1　柔性路面施工

　　柔性路面主要包括用各种粒料基层和各种沥青面层、合成高分子材料面层、碎石面层或块石面层所组成的路面结构。

结构组成及物理特性

　　柔性路面结构体系比较复杂，首先它是以层状结构支撑在路基上，是一个强度自上而下逐渐减弱的多层体系，各层材料性质多变，具有弹黏塑和各向异性，刚度小，抗弯沉能力弱，荷载由强而弱逐步向下传递到路基，路基受压强度较大，路基本身的强度和稳定性对路面的整体强度有较大影响。

优缺点

　　优点：施工时间短，通行快，施工、维修方便，起尘性小。

　　缺点：低温时抗变形能力较低，抗滑性随时间的推移而减小。

施工要点

　　①荷载作用于路面，应力随深度而递减，因此，路面结构可按强度自上而下递减的方式组合，即强材放上层，弱材放下层，同时相邻层的强度差也不能过大。

　　②确保土基的平整度及强度。

　　③优选适宜的层数和构造层厚，参见表3-9。

表3-9　常用柔性路面构造层厚

结构层名称	最小厚度(mm)
沥青混凝土	20~50
热拌沥青碎石	40
沥青贯入式	40
沥青表面处治	10~25
各种碎石、砾石、杂砖混合料	100~120
整齐块料、弹街石	100~120
半整齐块料、弹街石	80~120
手摆块(卵)石基层等	$h+(30~40)$
沙垫层(大块石下)	80~120

各类路面的特点和适应范围

各类路面的特点和适应范围见表3-10。

表3-10　几种主要路面的特点和适应范围

面层种类		特点和适应范围
黑色沥青	沥青混凝土	强度、平整度和耐久性好，起尘性极小，但路面的允许拉应变值较小，会产生规则横向裂缝，因而要求基层坚强。可用于交通量大的风景园林主干道，还可以作为高分子材料面层的下层
	热拌沥青碎石	温度稳定性好，路面不易产生波浪和冻缩裂缝，行车荷载作用下裂缝少，且对石料级配和沥青规格要求较宽。沥青用量少，不用矿粉，造价低，可用于风景园林主干道。中粒式、粗粒式沥青碎石宜用作沥青混凝土面层下层、联结层或整平层
	沥青表面处治	沥青表面处治可改善路面行车条件，使其承受行车磨耗及大气作用能力增强，延长路面使用年限。所铺筑的沥青路面，其厚度可大于3cm，其强度一般不计。常用于次干道，也可用作沥青路面的磨耗层、防滑层
	沥青灌入式	该路面性能与热拌沥青碎石路面相近，但需要2~3周的成型期，最上层还应撒布封层料或加铺拌和层。可用于风景园林主干道，也可作为沥青混凝土面层的联结层
彩色沥青	在普通沥青混凝土中掺入彩色颜料和骨料	性能与普通的沥青混凝土相同，因掺入料的不同而呈现出不一样的质感、色彩(一般为茶色、棕红色系)，适用范围广泛，可用于各种园林道路铺装
	在脱色沥青混凝土中掺入彩色颜料和骨料	耐久性不如普通的沥青混凝土，表面易老化，但色彩较前一种丰富得多，也可将沥青脱至浅驼色直接使用，一般用于人行步道、广场等处
	碎石路面	透水性好，步行舒适，造价低廉，但平整度差，不耐压，养护量大，只适用于一些游人较少的步道和简易停车场
	块石路面	块石路面较碎石路面有更好的强度、耐久性和平整度，且更易于养护，多用于次要园路和游步道

7.2　半刚性路面施工

半刚性路面是对传统柔性路面的优化升级设计，是将原来的粒料基层改为水硬性无机结合稳定材料(简称半刚性材料)的路面。

使用效果

在保持了传统柔性路面优点的同时，半刚性基层既克服了柔性路面基层水稳性不好的弱点，还有较高强度与刚度，使得整个路面结构的强度与刚度都大大提高。

设计要点

①采取重型压实标准、厚半刚性材料层和较薄面层。

②限制混合料中最大粒径的尺寸可确保基层平整度，并进一步确保面层施工时的平整度。

③半刚性路面结构中的底基层与传统的柔性路面结构中的底基层相比较，处于完全不同的地位。由于半刚性基层具有较大的强度与刚度，成为承载弯曲应力的主要承重层，而底基层成为基层的直接支撑，因此比一般路面底基层要求更高。

半刚性路面结构层

优选水稳定性好的基层、底基层及其厚度，参见表 3-11。

表 3-11　常用半刚性路面结构层

半刚性基层名称		厚度(mm)	建议体积比
基层	二灰稳定粒料(石灰、粉煤灰、碎石)	200～400——(北方各省一般取 200～300，南方各省一般取 300～400 之间)	(石灰＋粉煤灰):碎石＝1:4～1:1
	石灰土稳定粒料(石灰、土、碎石)		石灰:土:碎石＝1:2:5
	水泥稳定粒料(水泥、碎石)		—
	沥青稳定粒料(沥青、碎石)	150	—

（续）

半刚性基层名称		厚度(mm)	建议体积比
基层	二渣(石灰渣、煤渣)	150～200	石灰渣：煤渣＝1：2.5～1：4
	三渣(石灰渣、煤渣、道渣)	150～250	石灰渣：煤渣：道渣＝1：2：3
底基层	二灰(石灰、粉煤灰)	底基层的厚度可按照底面弯拉应力控制设计，一般不宜小于基层厚度，或与基层等厚，通常取200～400为宜	石灰：粉煤灰＝1：3
	二灰土(石灰、粉煤灰、土)		(石灰＋粉煤灰)：土＝3：7～2：3
	石灰土(石灰、土)		石灰粉：土＝1：3，普通石灰：土＝1：4，石灰工业废料：土＝1：2～1：4
	沥青稳定土		—
	水泥稳定土		—

注：具体掺料比例视现场实际情况而定。

7.3 刚性路面施工

主要是用水泥混凝土做面层或基层的路面结构。目前常用的有素混凝土路面、钢筋混凝土路面、预应力混凝土路面、连续配筋混凝土路面、装配式混凝土路面、钢纤维混凝土路面、碾压混凝土路面等。

结构组成及物理特性

刚性路面有一层强度较基础高很多的材料作为面层，刚度大，抗弯沉能力强，路表面形变小，传递到土基上的单位压力也较小。

优缺点

优点：强度高，稳定性好，耐久性好，起尘性小。

缺点：初期投资多，有接缝，开放交通迟，修复困难，噪声比柔性路面大。

施工要点

①刚性路面除要求面层有良好的平整度外，也要求基层有一定的强度和稳定性，还需重视基层、地基的强度均匀性。

②刚性路面板的平面尺寸划分。刚性路面设计布置缝道作平面划分，横向缩缝（假缝）间距常取 4～6m，横向伸缩缝（胀缝）多取 30～36mm；路面的纵缝设置，多采用一条车道宽度，即 3～4m。考虑由于缩缝间距一律易产生振动，使行车发生单调的有节奏颠簸，从而造成驾驶员由于精神疲惫而导致交通事故，因此应将缩缝间距改为不等尺寸交错布置。

③接缝构造有以下几种形式：

伸缝：伸缝也称真缝，其缝宽为 18～25mm，系贯通缝，是适应混凝土路面板伸胀变形的预留缝。

缩缝：缩缝也称假缝，其缝宽为 6～10mm，深度只切割 40～60mm 或约为板厚的 1/3，是不贯通到底的假缝，主要起收缩作用，一般可不设传力杆，缝宽宜窄，可采用 6mm 的低值。

纵缝：纵缝是多条车道之间的纵向接缝，一般多采用企口式，也称为企口缝，也有用平头拉杆式或企口缝加接杆式纵缝，其构造要求与缩缝相同。

7.4 | 水泥路面施工

水泥路面装饰的方法有很多种，要按照设计的路面铺装方式来选用合适的施工方法。

普通抹灰与纹样处理

滚花　用钢丝网做成的滚桶，或者用模纹橡胶裹在 300mm 直径铁管外做成滚桶，在经过抹面处理的混凝土面板上滚压出各种细密纹理，滚桶长度在 1m 以上为好。

压纹　利用一块边缘有许多整齐凸点或凹槽的木板或木条，在混凝土抹面层上挨着压下，一面压一面移动，可以在路面压出纹样，起到装饰作用。用这种方法时要求抹面层的水泥沙浆含沙量较高，水泥与沙的配合比可为1:3。

锯纹 在新浇的混凝土表面，用一根直木条如同锯割一般来回"锯割"，一面锯一面前移，能够在路面锯出平行的直纹，有利于路面防滑，又有一定的路面装饰作用。

刷纹 最好使用弹性钢丝做成刷纹工具。刷子宽450mm，刷毛钢丝长100mm左右，木把长1.2~1.5m。用这种钢丝在未硬化的混凝土面层上可以刷出直纹、波浪纹或其他形状的纹理。

露骨料饰面

采用这种饰面方式的混凝土路面和混凝土铺砌板，其混凝土应该用粒径较小的卵石配制。混凝土露骨料主要是采用刷洗的方法，在混凝土浇好后2~6h内进行处理，最迟不超过浇好后的16~18h。刷洗工具一般用硬毛刷子和钢丝刷子。刷洗应当从混凝土板块的周边开始，同时要用充足的水把刷掉的泥沙洗去，把每一粒暴露出来的骨料表面都洗干净。刷洗后3~7d内，再用10%的盐酸水洗一遍，使暴露的石子表面色泽更明净，最后还要用清水把残留盐酸完全冲洗掉。

8 园路施工常见问题及处理

8.1 常见问题

园路一般常见的问题有裂缝、凹陷、啃边、翻浆等。

裂缝与凹陷

造成这种破坏的主要原因是基土过于湿软或基层厚度不够，强度不足，在路面荷载超过土基的承载力时造成的。

啃边

路肩和道牙直接支撑路面，使之横向保持稳定。因此路肩与其基土必须紧密结实，并有一定的坡度，否则由于雨水的侵蚀和车辆行驶时对路面边缘的啃食作用，使之损坏，并从边缘起向中心发展，这种破坏现象叫啃边。

翻浆

　　在季节性冰冻地区，地下水位高，尤其是对于粉沙性土基，由于毛细管的作用，水分上升到路面下，冬季气温下降，水分在路面下形成冰粒，体积增大，路面就会出现隆起现象。到春季上层冻土融化，而下层尚未融化，这样使土基变成湿软的橡皮状，路面承载力下降。这时如果车辆通过，路面下陷，邻近部分隆起，并将泥土从裂缝中挤出来，使路面破坏，这种现象叫翻浆。

8.2　不良土质路基的施工

软土路基

　　先将泥炭、软土全部挖除，使路堤筑于基底或尽可能换填渗水性土，也可采用抛石挤淤法、沙垫层法等对地基进行加固。

杂填土路基

　　可选用片石表面挤实法、重锤夯实法、振动压实法等方法使路基达到相应的密实度。

膨胀土路基

　　膨胀土是一种易产生吸水膨胀、失水收缩两种变形的高液性黏土。对这种路基应先尽可能避免在雨季施工，挖方路段也应先做好路堑堑顶排水，并确保在施工期内不得沿坡面排水；其次要注意压实质量，最好用重型压路机在最佳含水量条件下碾压。

湿陷性黄土路基

　　这是一种含易溶盐类，遇水易冲蚀、崩解、湿陷的特殊性黏土。施工中关键是做好排水工作，对地表水应采取拦截、分散、防冲、防渗、远接远送的原则，将水引离路基，避免黄土受水浸而湿陷；路堤的边坡要整平拍实；基底采用重机碾压、重锤夯实、石灰桩挤密加固或换填土等，以提高路基的承载力和稳定性。

8.3 特殊气候条件下的园路施工

雨季施工

　　雨季路槽施工　先在路基外侧设排水设施(如明沟或辅以水泵抽水)及时排除积水。雨前应选择因雨水易翻浆处或低洼处等不利地段先行施工,雨后要重点检查路拱和边坡的排水情况、路基渗水与路床积水情况,注意及时疏通被阻塞、溢满的排水设施,以免积水倒流。路基由于雨水造成翻浆时,要立即挖出或填石灰土、沙石等,刨挖翻浆要彻底干净,不留隐患。需要处理的地段最好在雨前做到"挖完、填完、压完"。

　　雨季基层施工　当基层材料为石灰土时,降雨对基层施工影响最大。施工时,应先注意天气预报情况,做到"随拌、随铺、随压";其次注意保护石灰,以免被水浸成膏状。对于被水浸泡过的石灰土,在找平前应检查含水量,如果含水量过大,应翻拌晾晒达到最佳含水量后方可继续施工。

　　雨季路面施工　水泥混凝土路面施工应注意水泥的防雨防潮,已铺筑的混凝土严禁雨淋,施工现场应预备轻便易于挪动的工作台雨棚,对被雨淋过的混凝土要及时补救处理。此外,要注意排水设施的畅通,如果是沥青路面,要特别注意天气情况,尽可能缩短施工路段,各工序紧凑衔接,下雨或面层的下层潮湿时均不得摊铺沥青混合料。对未经压实即遭雨淋的沥青混合料必须全部清除,更换新料。

冬季施工

　　冬季路槽施工　应在冰冻之前进行现场放样,做好标记,将路基范围内的树根、杂草等全部清除。如果有积雪,在修整路槽时先清除地面积雪、冰块,并根据工程需要与设计要求决定是否刨去冰层。严禁用冰土填筑,且最大松铺厚度不得超过30cm,压实度不得低于正常施工时的要求,当天填方的土务必当天碾压完毕。

　　冬季面层施工　沥青类路面不宜在5℃以下的温度环境下施

工，否则要采取以下工程措施：

① 运输沥青混合料的工具须配有严密覆盖设备以保温。

② 卸料后应用苫布等及时覆盖。

③ 摊铺时间宜在上午 9：00 至下午 4：00 进行，做到"三快两及时"（快卸料、快摊铺、快搂平，及时找细、及时碾压）。

④ 施工做到定量定时，集中供料，防止接缝过多。

水泥混凝土路面，或以水泥沙浆做结合层的块料路面，在冬季施工时应注意提高混凝土（或沙浆）的拌和温度（可用加热水、加热石料等方法），并注意采取路面保温措施，如选用合适的保温材料（常用的有麦秸、稻草、锯末、塑料薄膜、石灰等）覆盖路面。此外，应注意减少单位用水量，控制水灰比在 0.54 以下，混料中加入合适的速凝剂，混凝土搅拌站要搭设工棚，最后可延长养护和拆模时间。

第 4 章　园桥的设计与施工

1 ┃ 园桥在园林景观中的作用

　　园林中的桥，可以联系风景点的水陆交通，组织游览线路，变换观赏视线，点缀水景，增加水面层次，兼有交通和艺术欣赏的双重作用。园桥在造园艺术上的价值，往往超过交通功能。

　　在自然山水园林中，桥的布置同园林的总体布局、道路系统、水体面积占全园面积的比例、水面的分隔或聚合等密切相关。园桥的位置和体型要和景观相协调，大水面架桥，又位于主要建筑附近的，宜宏伟壮丽，重视桥的体型和细部的表现；小水面架桥，则宜轻盈质朴，简化其体型和细部。水面宽广或水势湍急者，桥宜较高并加栏杆；水面狭窄或水流平缓者，桥宜低并可不设栏杆。水陆高差相近处，平桥贴水，过桥有凌波信步亲切之感；沟壑断崖上危桥高架，能显示山势的险峻。水体清澈明净，桥的轮廓需考虑倒影；地形平坦，桥的轮廓宜有起伏，以增加景观的变化。此外，还要考虑人、车和水上交通的要求。

1.1 ┃ 联系园林水体两岸上的道路

　　园桥使园路不至于被水体阻断，由于它直接伸入水面，能够集中视线，因此自然而然地成为某些局部环境的一种标识点，所以园桥能够起到导游作用，可作为导游点进行布置。低而平的长桥、栈桥还可以作为水面的过道和水面游览线，把游人引到水上，拉近游人与水体的距离，使水景更加迷人。

1.2　园桥与水中堤、岛一起对水面空间进行分隔

园林规划手法的运用中，常采用园桥与水中堤、岛一起对水面空间进行分隔，增加水景的层次，增强水面形状的变化和对比，从而使水景效果更加丰富多彩。园桥对水面的分隔有它自己的独特处，这就是：隔而不断，断中有连，又隔又连，具有虚实结合的分隔特点。这种分隔有利于隔开的水面在空间上相互交融和渗透，增加景观的内涵深度，创造迷人的园林意境。

1.3　园桥本身有很多种艺术造型，为一种重要景物

在园林水景的组成中，园桥可以作为一种重要景物，与水面、桥头植物一起构成完整的水景形象。园桥本身也有很多种艺术造型，具有很强的观赏特性，可作为园林水体中的重要景点。

2　园桥的设计步骤

2.1　园桥的选址

园桥所在的环境主要是园林水环境，但也有少数情况下可作为旱桥布置在没有水面的地方。

园路与河渠、溪流交叉处选在水面最窄处或靠近较窄的地方

园路与河渠、溪流交叉处必须设置园桥，把中断的路线连接起来。原则上，桥址应选在两岸之间水面最窄处或靠近较窄的地方。附近有窄水面而不利用，却把园桥设在宽水面处，就将增加造桥费用，并会给人矫揉造作之感。跨越带状水体的园桥，造型可比较简单，有时甚至只搭上一个混凝土平板就可作为小桥，但其造型要做得小巧别致，富于情趣。

在大水面上造桥，最好采用曲桥、廊桥、栈桥等比较长的园桥

桥下不通游船时，桥面可设计得低平一些，使人更接近水面。桥下需要通过游船时，则可把部分桥面抬高，做成拱桥样式。在湖中岛屿靠近湖岸的地方一般也要布置园桥，要根据岛、

岸间距离决定设置长桥还是短桥。在大水面沿边与其他水道相交接的水口处设置拱桥或其他园桥，可以增添岸边景色。

庭园水池或一些面积较小的人工湖适宜布置体量较小、造型简洁的园桥

如果是用桥来分隔水面，则小曲桥、拱桥、汀步等都可选用。但是要注意，小水面尤其忌讳从中部均等分隔，均等分隔就意味着没有主次之分，无法突出水景重点。

为了连接中断的假山蹬道，将园桥布置在假山断岩处，做成天桥造型

这能够给人奇特有趣的感受，丰富了假山景观。在风景区游览小道延伸至无路的峭壁前，可以架设栈道通过峭壁。

栈道既可布置在山壁边，也可布置在水边

在植物园的珍稀草本植物展区或动物园的珍稀小动物展区，架设栈桥将游人引入展区，游人在栈桥上观赏植物或动物，与观赏对象更加接近，同时又可使展区地面环境和动植物展品受到良好的保护。在园林内的水生及沼泽植物景区，也可采用栈桥形式，将人们引入沼泽地游览观景。

2.2 设计要点

桥的造型体量应与园林环境、水体大小协调

大型水面空间开阔，为突出水景效果，常取多孔拱桥，桥的体量与水体大小应相称，如北京颐和园的十七孔桥。小水面常建单跨平桥或折桥，使人能接近水面，如南京瞻园小曲桥；而平静小水面及小溪流，常设贴近水面的小桥，或汀步过水，使人接近水面，远观也不使空间割断。

桥的栏杆是丰富桥体造型的重要因素

栏杆的高度要合乎安全需要，也要与桥体大小宽度相协调，如苏州园林小桥一般只设低的坐凳栏杆，其造型也很简洁，甚至有些小桥只设单面栏杆或不设栏杆以突出桥的轻快造型。

桥与岸相接处，要处理得当以免生硬呆板

常以灯具、雕塑、山石、花木丰富桥体与岸壁的衔接，桥头装饰有显示桥位、增加安全的作用，因此这些装饰物兼有引导交通的作用，绝不可阻碍交通。

桥上与桥下的交通要求

桥体尺度除应考虑水体大小、道路宽度及造景效果外，还要满足功能上通车、行船的高度、坡度要求。为满足人流集散与停留观景等要求，常设置桥廊及桥头小广场。

桥的照明

桥上灯具，具有良好的桥体装饰效果，在夜间游园更有指示桥的位置及照明的作用。灯具可结合桥的体形、栏杆及其他装饰物统一设置，使其更好突出桥的景观效果，尤其夜间的景观。

2.3　具体设计步骤

①收集设计资料和技术指标(地形、地质、气象水文、荷载、道路等级等)；

②进行总体方案设计(纵向线路、桥式方案比选、横断面设计等)；

③着手详细设计(重要构件的尺寸拟定和细节设计)；

④手算或软件计算各项指标参数(成桥阶段内力和变形、施工阶段内力和变形)针对软件计算；

◎建模

◎荷载输入

◎边界条件

◎运行分析

⑤根据相关规范进行强度、刚度、稳定性验算(钢结构还应做疲劳验算)。

3 园桥的分类

3.1 园桥造型形式

平桥

平桥桥面平整，结构简单，平面形状为一字形，桥边常不做栏杆或只做矮护栏。有木桥、石桥、钢筋混凝土桥等（如图4-1所示），桥体的主要结构部分是石梁、钢筋混凝土直梁或木梁，也常见直接用平整石板、钢筋混凝土板作桥面而不用直梁的。

图4-1　平桥

平曲桥

平曲桥和一般平桥相像，如图4-2所示。但平曲桥的平面形状不为一字形，而是左右转折的折线形。根据转折数，可有三曲桥、五曲桥、七曲桥、九曲桥等类型。三曲桥如图4-3、图4-4所示。桥面转折多为90°直角，但也可采用120°钝角，偶尔还可用150°转角。平曲桥桥面设计以低而平的效果最好。

图4-2　平曲桥

图4-3　三曲桥

拱桥

拱桥是园林中造景用桥的主要形式，其材料易得，价格便宜，施工方便，桥体的立面形象比较突出，造型可有很大变化，并且圆形桥孔在水面的投影也十分好看，因此，拱桥在园林中应用极为广泛。依建造材料的不同，常见有石拱桥和砖拱桥，也少有钢筋混凝土拱桥，如图 4-5 所示。

图 4-4 拱桥

亭桥、廊桥

在桥面较高的平桥或拱桥上修建亭子，就做成亭桥，亭桥是园林水景中常用的一种景物，它既是供游人观赏的景物点，又是可停留其中向外观景的观赏点。廊桥与亭桥相似，如图 4-6 所示，也是在平桥或平曲桥上修建风景建筑，只不过其建筑是采用长廊的形式罢了，其造景作用和观景作用与亭桥一样。

图 4-5　亭桥

图 4-6　廊桥

吊桥、浮桥

吊桥是以钢索、铁链为主要结构材料(在过去则有用竹索或麻绳的),将桥面悬吊在水面上的一种园桥形式。吊起桥面的方

233

式有两种：一是全用钢索铁链吊起桥面，并作为桥边扶手，如图4-7(a)所示；二是在上部用大直径钢管做成拱形支架，从拱形钢管上等距地垂下钢制缆索，吊起桥面，如图4-7(b)所示。吊桥主要建在风景区的河面上或山沟上面，如果将桥面架在整齐排列的浮筒(或舟船)上，可构成浮桥，浮桥适用于水位常有涨落而又不便人为控制的水体中。

图 4-7　吊桥

栈桥与栈道

架长桥为道路，是栈桥和栈道的根本特点。严格地讲，这两种园桥并没有本质上的区别，只不过栈桥更多的是独立设置在水面上或地面上，如图4-8所示，而栈道则更多地依傍在山壁或岸壁。

图 4-8　栈桥

汀步

这是一种没有桥面、只有桥墩的特殊的桥，或者也可说是一种特殊的路，是采用线状排列的步石、混凝土墩、砖墩或预制的汀步构件布置在浅水区、沼泽区、沙滩上或草坪上形成的能够行走的通道，如图 4-9 所示。

图4-9 汀步

3.2 桥体的结构形式

园桥的结构形式随其主要建筑材料而有所不同。例如，钢筋混凝土园桥和木桥的结构常用板梁柱式，石桥常用拱券式或悬臂梁式，铁桥常采用桁架式，吊桥常用悬索式等，建筑材料与桥的结构形式是紧密相关。

板梁柱式

以桥柱或桥墩支撑桥体重量，以直梁按简支梁方式两端搭在桥柱上，梁上铺设桥板作桥面，如图4-10所示。在桥孔跨度不太大的情况下，也可不用桥梁，直接将桥板两端搭在桥墩上，铺成桥面。桥梁、桥面板一般用钢筋混凝土预制或现浇，如果跨度较小，也可用石梁和石板。

图4-10　板梁柱式

悬臂梁式

　　桥梁从桥孔两端向中间悬挑伸出，在悬挑的梁头再盖上短梁或桥板，连成完整的桥孔，如图4-11所示。这种方式可以增大桥孔的跨度，以便于桥下行船。石桥和钢筋混凝土桥都可能采用悬臂梁式结构。

图4-11　悬臂梁式

拱券式

　　桥孔由砖石材料拱券而成，桥体重量通过圆拱传递到桥墩，如图4-12所示。单孔桥的桥面一般也是拱形，因此它基本上都属于拱桥。三孔以上的拱券式桥，其桥面多数做成平整的路面形式，但也常有把桥顶做成半径很大的微拱形桥面的。

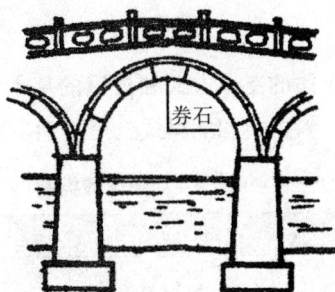

券石

图4-12 拱券式

悬索式

即一般索桥的结构方式。以粗长的悬索固定在桥的两头，底面有若干根钢索排成一个平面，其上铺设桥板作为桥面，两侧各有一至数根钢索从上到下竖向排列，并由许多下垂的钢绳相互串联一起，下垂钢绳的下端吊起桥板，如图4-13所示。

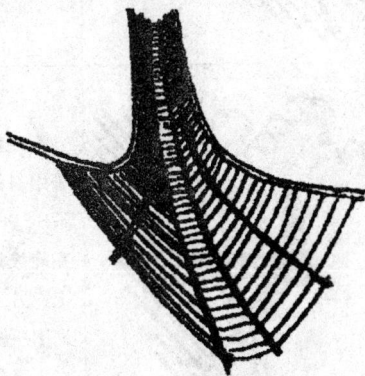

图4-13 悬索式

桁架式

用铁制桁架作为桥体。桥体杆件多为受拉或受压的轴力构件，这种杆件取代了弯矩产生的条件，使构件的受力特性得以充分发挥。杆件的结点多为铰结。

3.3 栈道的类别

根据栈道路面的支撑方式和栈道的基本结构方式，一般把栈道分为立柱式、斜撑式和插梁式三个类别。具体见表4-1。

表4-1 栈道的类别

类别	图例	说明
立柱式栈道		立柱式栈道适宜建在坡度较大的斜坡地带。其基本承重构件是立柱和横梁，架设方式基本与板梁柱式园桥相同，不同处只是栈道的桥面更长
斜撑式栈道		在坡度更大的陡坡地带，采用斜撑式修建栈道比较合适。这种栈道的横梁一端固定在陡坡坡面上或山壁的壁面上，另一端悬挑在外；梁头下面用一斜柱支撑，斜柱的柱脚也固定在坡面或壁面上。横梁之间铺设桥板作为栈道的路面

（续）

类别	图例	说明
插梁式栈道		在绝壁地带常采用这种栈道形式。其横梁的一端插入山壁上凿出的方形孔中并固定下来，另一端悬空，桥面板仍铺设在横梁上

3.4 汀步的类别

汀步是用一些板块状材料按一定的间距铺装成的连续路面，板块材料可称为步石。这种路面具有简易、造价低、铺装灵活、适应性强、富于情趣的特点，既可作永久性园路，也可作临时性便道。

按照步石平面形状特点和步石排列布置方式，可把汀步分为规则式和自然式两类。

规则式汀步

步石形状规则整齐，并常常按规则整齐的形式铺装成园路，这种汀步就是规则式汀步。规则式汀步步石的宽度应为 400 ~ 500mm，步石与步石之间的净距宜为 50 ~ 150mm。在同一条汀步路上，步石的宽度规格及排列间距都应当统一。常见的规则式汀步有以下三种：

墩式汀步 步石成正方形或长方形的矮柱状，排列成直线形或按一定半径排列成规则的弧线形。这种汀步显得厚重、稳实，宜布置在浅水中作为过道。

板式汀步 以预制的铺砌板规则整齐地铺设成间断连续式园路，即为板式汀步。板式汀步主要用于旱地，如布置在草坪上、泥地上、沙地上等，如图4-14所示。

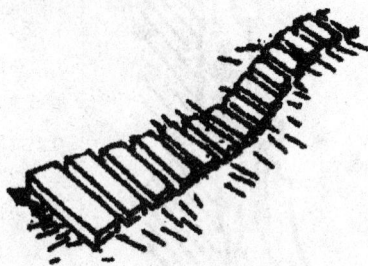

图4-14 混凝土板汀步

荷叶汀步 这种汀步一般用在庭园水池中，其步石面板形状为规则的圆形，属规则式汀步，但步石的排列却不是规则整齐的，要排列为自然式，如图4-15所示。

图4-15 荷叶汀步

自然式汀步

这类汀步的步石形状不规则，常为某种自然物的形状。步石的形状、大小可以不一致，其布置与排列方式也不能规则整齐，要自然错落。步石之间的净距也可以不统一，可在 50～200mm 变动。常见的自然式汀步主要有两种，具体见表4-2。

表4-2　常见的自然式汀步

类型	图例	说明
自然山石汀步		选顶面较平整的片状自然山石，宽度要在 300～600mm，按照左右错落、自然曲折的方式布置成汀步园路。在草坪上，步石的下部1/3～1/2应埋入土中。在浅水区中，步石下部稍浸入水中，底部一定要用石片刹垫稳实，并用水泥沙浆与基座山石结合牢固
仿自然树桩汀步		步石被塑造成顶面平整的树桩形状。树桩按自然式排列，有大有小，有宽有窄，有聚有散，错落有致。这种汀步尤其适合布置在草坡上，与环境协调；也可以布置在水池中，但与环境的协调性不及在草坡和草坪上

4 | 材料介绍

园桥施工所涉及的材料很多，石材、混凝土、沙等材料已经在前面介绍过，这里主要介绍木材和钢材。

4.1 木材

木材的分类

常见木材的分类见表4-3。

表4-3　木材的分类

分类标准	分类名称	说明
按树种度分类	针叶树	树叶细长如针，多为常绿树。材质一般较软，有的含树脂，故又称软材。如：红松、落叶松、云杉、冷杉、杉木、柏木等，都属此类
	阔叶树	树叶宽大，叶脉成网状，大都为落叶树，材质较坚硬，故称硬材。如：樟木、榉木、水曲柳、青冈、柚木、山毛榉、色木等，都属此类。也有少数质地较软的，如桦木、椴木、山杨、青杨等，也属于此类
按加工程度分类	原条	系指已经除去皮、根、树梢的木料，但尚未按一定尺寸加工成规定的木材
	原木	系指已经除去皮、根、树梢的木料，并已按一定尺寸加工成规定直径和长度的材料
	普通锯材	系指已经加工锯解成材的木料
	枕木	系指按枕木断面和长度加工而成的成材

常用木材的主要特性

常用木材的主要特性见表4-4。

表4-4　常用木材的主要特性

树种	主要特征
落叶松	干燥较慢，易开裂，早晚材硬度及收缩差异均大，在干燥过程中容易轮裂，耐腐性强
陆均松(泪松)	干燥较慢，若干燥不当，可能翘曲，耐腐性较强，心材耐白蚁
云杉类木材	干燥易，干后不易变形，收缩较大，耐腐性中等

（续）

树种	主要特征
软木松	系五针松类，如红松、华北松、广东松、台湾五针松、新疆红松等。一般干燥易，不易开裂或变形，收缩小，耐腐性中等，边材易呈蓝变色
硬木松	系二针或三针松类，如马尾松、云南松、赤松、高山松、黄山松、樟子松、油松等。干燥时可能翘裂，不耐腐，最易受白蚁危害，边材蓝变色最常见
铁杉	干燥较易，耐腐性中等
青冈（槠木）	干燥困难，较易开裂，可能劈裂，收缩颇大，质重且硬，耐腐性强
栎木（柞木）（桐木）	干燥困难，易开裂，收缩甚大，强度高，质重且硬，耐腐性强
水曲柳	干燥困难，易翘裂，耐腐性较强
桦木	干燥较易，不翘裂，但不耐腐

4.2　钢材

　　钢是将生铁在炼钢炉内熔炼，并将含碳量控制在2%以下的铁碳合金。建筑工程所用的钢筋、钢丝、型钢等，通称为建筑钢材。

　　按化学成分可以将钢材粗分为碳素结构钢和合金钢两类。碳素结构钢按其含碳量又可分为低碳钢、中碳钢和高碳钢，建筑用钢中使用最多的是低碳钢（即含碳量小于0.25%的钢）。合金钢是按其合金元素总量分为低合金钢、中合金钢和高合金钢，建筑用钢中使用最多的是低合金高强度结构钢（即合金元素总含量小于5%的钢）。

5　园桥的施工流程

5.1　施工准备

　　工程施工前，必须对设计文件、图纸、资料进行现场研究和核对；查明文件、图纸、资料是否齐全，如果发现图纸、资料欠缺、错误、矛盾必须向业主提出补全和更正要求。如果发现设计与现场有出入，必要时应进行补充调查。小桥涵开工前应依据设计文件和任务要求编制施工方案，其中包括：编制依据、工期要求、材料和机具数量、施工方法、施工力量、进度计划、质量管理等。同时应编制实施施工组织设计，使施工方案具体化，一般小桥涵的施工组织设计可配合路基施工方案编制。

5.2 施工前测量

①对业主所交付的小桥涵中线位置桩、三角网基点桩、水准点桩及其测量资料进行检查、核对，如果发现桩志不足，有移动现象或测量精度不足，应按规定要求精度进行补测或重新核对，并对各种控制进行必要的移设或加固。

②补充施工需要的桥涵中线桩、墩台位置桩、水准基点桩及必要的护桩。

③当地下有电缆、管道或构造物靠近开挖的桥涵基础位置时，应对这些构造物设置标桩。监理工程师应当检查承包商确定的桥涵位置是否符合设计位置，如果发现有可疑之处应要求承包商提供测量资料，检查测量的精度，必要时可要求承包商复测。

5.3 园桥基础施工

园桥的结构物基础根据埋置深度分为浅基础和深基础，小桥涵常用的基础类型是天然地基上的浅基础，当设置深基础时常采用桩基础。基础所用的材料大多为混凝土或钢筋混凝土结构，石料丰富地区也常采用石砌基础。

扩大基础的施工一般采用明挖的方法，当地基土质较为坚实时，可采取放坡开挖，否则应作各种坑壁支撑；在水中开挖基坑时，应预先修筑围堰，将水排干，然后再开挖基坑。明挖扩大基础的施工主要内容包括定位放样、基坑开挖、基坑排水、基底处理与圬工砌筑。

定位放样

在基坑开挖前，需进行基础的定位放样工作，即将设计图上的基础位置准确地设置到桥址位置上来。如图 4-16 所示，为桥台基础定位放样。基坑各定位点的标高及开挖过程中标高检查应按一般水准测量方法进行。

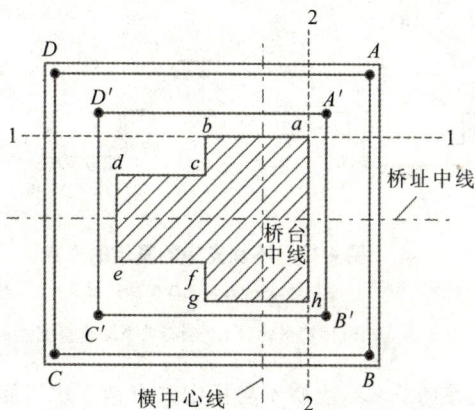

图 4-16　桥台基础定位放线示意图

基坑开挖

基坑开挖应根据土质条件、基坑深度、施工期限以及有无地表水或地下水等因素采用适当的施工方法。

不加支撑的基坑开挖　常用基坑的形式如图 4-17 所示。对于一般小桥涵的基础、工程量不大的基坑，可以采用人工施工。施工时应注意下列几点：

① 在基坑顶缘四周适当距离处设置截水沟，并防止水沟渗水，以免地表水冲刷坑壁，影响坑壁稳定性。

② 坑壁边缘应留有护坡道，静荷载距坑边缘不少于 0.5m，动荷载距边缘不少于 1.0m；垂直坑壁边缘的护坡道还应适当增宽；水文地质条件欠佳时应有加固措施。

③ 基坑施工不可延续时间过长，自开挖至基础完成，应抓紧时间连续施工。

④ 如果用机械开挖基坑,挖至坑底时应保留不少于30cm的厚度,在基础浇注圬工前应用人工挖至基底标高。

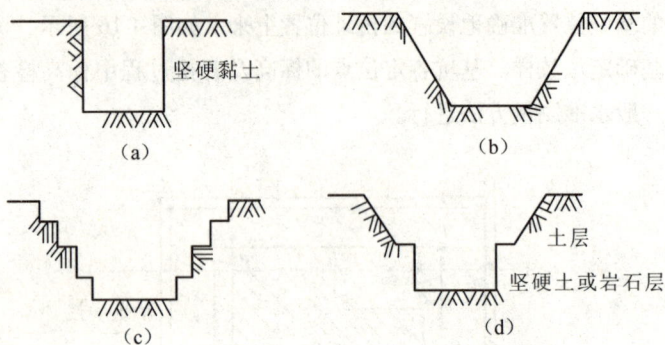

图4-17 不加支撑的基坑的形式

(a)垂直坑壁;(b)斜坡坑壁;

(c)阶梯坑壁;(d)上层斜坡下层垂直坑壁

有支撑的基坑 土质不易稳定并有地下水等影响,或施工现场条件受限时,可采用有支撑的基坑。常用的坑壁支撑形式有:直衬板式坑壁支撑、横衬板式坑壁支撑、框架式支撑及其他形式的支撑(如锚桩式、锚杆式、锚碇板式、斜撑式等)如图4-18所示。

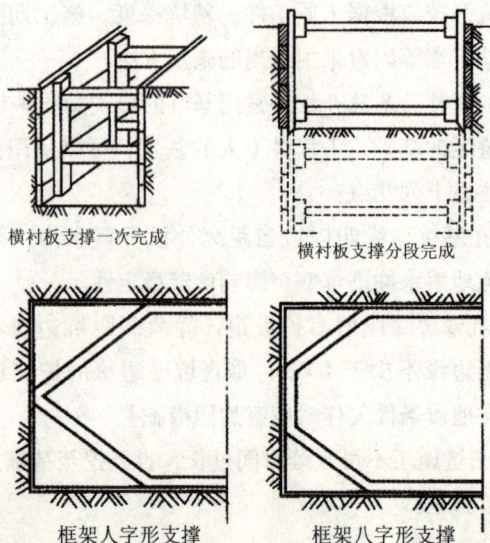

横衬板支撑一次完成

横衬板支撑分段完成

框架人字形支撑

框架八字形支撑

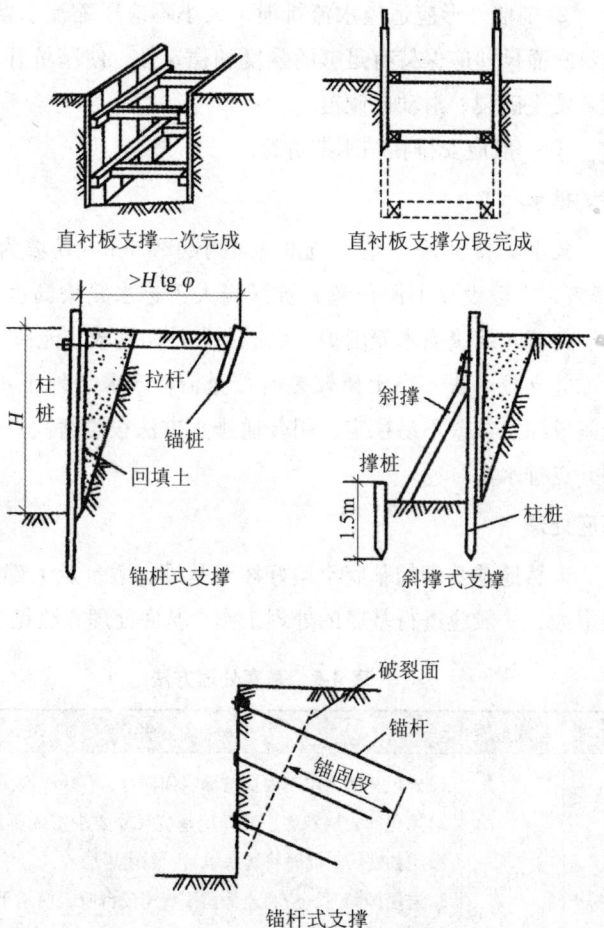

直衬板支撑一次完成　　直衬板支撑分段完成

锚桩式支撑　　　　　斜撑式支撑

锚杆式支撑

图 4-18　有支撑的基坑形式

水中基础的基坑开挖　桥梁墩台基础常常位于地表水位以下，有时流速还较大，施工时应在无水或静水的条件下进行。桥梁水中基础最常用的方法是围堰法。围堰的作用主要是防水和围水，有时还起着支撑基坑壁的作用。

①围堰顶高宜高出施工期间最高水位 70cm 以上，最低不应小于 50cm，用于防御地下水的围堰宜高出水位或地面 20~40cm。

② 围堰外形应适应水流排泄，大小不应压缩流水断面过多，堰身断面尺寸应保持有足够的强度和稳定性，使基坑开挖后围堰不致发生破裂、滑动或倾覆。

③ 一般应安排在枯水期进行。

基坑排水

集水坑排水法 集水坑底宽不小于 0.3m，纵坡为 0.1% ~ 0.5%，一般设在下游位置，坑深应大于进水笼头高度，并用荆笆、竹篾、编筐或木笼围护，以避免泥沙阻塞吸水笼头。

井点排水法 当土质较差有严重流沙现象、地下水位较高、挖基较深、坑壁不易稳定、用普通排水方法很难解决，这时可采用井点排水法。

基底处理

天然地基基础的基底土壤好坏对基础、墩台及上部结构的影响很大，一般应进行基底的处理工作，基底处理方法见表4-5。

表 4-5　基底处理方法

序号	基底地质	处理方法
1	岩层	1）未风化的岩层基底应清除岩面碎石、石块、淤泥、苔藓等 2）风化的岩层基底，其开挖基坑尺寸要少留或不留富余量，灌注基础圬工同时将坑底填满，封闭岩层 3）岩层倾斜时，应将岩面凿平或凿成台阶，使承重面与重力线垂直，以免滑动 4）砌筑前，岩层表面用水冲洗干净
2	黏土层	1）铲平坑底时，不能扰动土壤天然结构，不得用土回填 2）必要时，加铺一层 10cm 厚的夯填碎石，碎石面不得高出基底设计标高 3）基坑挖完处理后，应在最短期间砌筑基础，防止暴露过久变质
3	碎石及沙类土壤	承重面应修理平整夯实，砌筑前铺一层 2cm 厚的浓稠水泥沙浆

（续）

序号	基底地质	处理方法
4	湿陷性黄土	1）基底必须有防水措施 2）根据土质条件，使用重锤夯实、换填、挤密桩等措施进行加固，改善土层性质 3）基础回填不得使用沙、砾石等透水土壤，应用原土加夯封闭
5	冻土层	1）冻土基础开挖宜用天然或人工冻结法施工，并应保持基底冻层不融化 2）基底设计标高以下，铺设一层 10～30cm 粗沙或 10cm 的冷混凝土垫层，作为隔热层
6	软土层	1）基底软土小于 2m 时，应将软土层全部挖除，换以中、粗沙、砾石、碎石等力学性质较好的填料，分层夯实 2）软土层深度较大时，应布置沙桩（或沙井）穿过软土层，上层铺沙垫层
7	溶洞	1）暴露的溶洞应用浆砌片石，混凝土填充，或填沙、砾石后，压水泥浆充实加固 2）检查有无隐蔽溶洞，在一定深度内钻孔检查 3）有较深的溶洞时，也可作钢筋混凝土盖板或梁跨越，也可改变跨径避开
8	泉眼	1）插入钢管或做木井，引出泉水使与圬工隔离，以后用水下混凝土填实 2）在坑底凿成暗沟，上放盖板，将水引出至基础以外的汇水井中抽出，圬工硬化后，停止抽水

圬工砌筑

在基坑中砌筑基础圬工，可分为无水砌筑、排水砌筑及水下灌筑三种情况。基础圬工用料应在挖基完成前准备好，以确保能及时砌筑基础，防止基底土壤变质。

排水砌筑　保证在无水状态下砌筑圬工，禁止带水作业及用混凝土将水赶出模板外的灌注方法。基础边缘部分应严密隔水，水下部分圬工必须待水泥沙浆或混凝土终凝后方可允许浸水。

水下灌筑混凝土　一般只有在排水困难时采用。基础圬工的水下灌筑分为水下封底和水下直接灌筑基础两种。前者封底后仍要排水再砌筑基础，封底只是起封闭渗水的作用，其混凝土只作为地基而不作为基础本身，适用于板桩围堰开挖的基坑。

水下封底混凝土为满足防渗漏的要求，最小厚度一般为 2m 左右。水下混凝土的灌注方法采用的是垂直移动导管法，如图 4-19、图 4-20 所示。

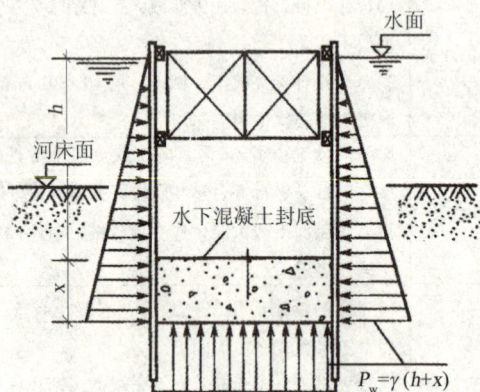

图 4-19 基础的封底混凝土

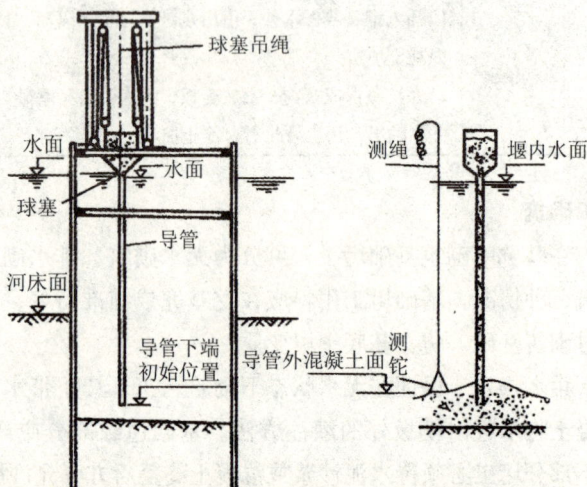

图 4-20 垂直导管法灌注水下混凝土

对于大体积的封底混凝土，可分层分段逐次灌注。对于强度要求不高的围堰封底水下混凝土，也可以一次由一端逐渐灌注到另一端。采用导管法灌注水下混凝土要注意下列几个问题：

①导管应试拼装，充水加压，检查导管有无漏水现象。

②为使混凝土有良好的流动性，粗骨料粒径以 2～4cm 为宜。

③必须确保灌注工作的连续性，在灌注过程中正确掌握导管的提升量，埋入深度一般不应小于 0.5m。

6 园桥的施工技术要点

6.1 桥基施工

桥基是介于墩身与地基之间的传力结构。桥身指桥的上部结构，包括人行道、栏杆与灯柱等部分。

基础与拱砌工程施工

模板安装　模板是施工过程中的临时性结构，对梁体的制作十分重要。桥梁工程中常用空心板梁的木制芯模构造。

模板在安装过程中，为防止壳板与混凝土粘结，通常均需在壳板面上涂以隔离剂，如石灰乳浆、肥皂水或废机油等。

钢筋成型绑扎　在钢筋绑扎前要先拟定安装顺序。一般的梁肋钢筋，先放箍筋，再安下排主筋，后装上排钢筋。

混凝土搅拌　混凝土一般应采用机械搅拌，上料的顺序一般是先石子，次水泥，后沙子。人工搅拌只许用于少量混凝土工程的塑性混凝土或硬性混凝土。不管采用机械或人工搅拌，都应使石子表面包满沙浆、拌合料混合均匀、颜色一致。人工拌合应在铁板或其他不渗水的平板上进行，先将水泥和细骨料拌匀，再加入石子和水，拌至材料均匀、颜色一致为止，如果需掺外加剂，应先将外加剂调成溶液，再加入拌合水中，与其他材料拌匀。

浇捣　当构件的高度(或厚度)较大时，为了确保混凝土能振捣密实，就应采用分层浇筑法。浇筑层的厚度与混凝土的稠度及振捣方式有关，在一般稠度下，用插入式振捣器振捣时，浇筑层厚度为振捣器作用部分长度的 1.25 倍；用平板式振捣器时，浇筑厚度不超过 20cm。薄腹 T 梁或箱形的梁肋，当用侧向附着式振捣器振捣时，浇筑层厚度一般为 30～40cm。采用人工捣固时，视钢筋密疏程度，通常取浇筑厚度为 15～25cm。

养护 在混凝土终凝后，在构件上覆盖草袋、麻袋、稻草或沙子，经常洒水，以保持构件经常处于湿润状态。这是 5℃ 以上桥梁施工的自然养护。

灌浆 石活安装好后，先用麻刀灰对石活接缝进行勾缝（如缝很细，可勾抹油灰或石膏）以免灌浆时漏浆。灌浆前最好先灌注适量清水，以湿润内部空隙，有利于灰浆的流动。灌浆应在预留的"浆口"进行，一般分三次灌入，第一次要用较稀的浆，后两次逐渐加稠，每次相隔约 3～4h 左右。灌完浆后，应将弄脏的石面洗刷干净。

细石安装

石活的连接方法一般有三种，即：构造连接、铁件连接和灰浆连接。

构造连接是指将石活加工成公母榫卯、做成高低企口的"磕绊"、剔凿成凸凹企口等形式，进行相互咬合的一种连接方式。

铁件连接是指用铁制拉接件，将石活连接起来，如铁"拉扯"、铁"银锭"、铁"扒锔"等。铁"拉扯"是一种长脚丁字铁，将石构件打凿成丁字口和长槽口，埋入其中，再灌入灰浆。铁"银锭"是两头大，中间小的铁件，需将石构件剔出大小槽口，将银锭嵌入。铁"扒锔"是一种两脚扒钉，将石构件凿眼钉入。

灰浆连接是最常用的一种方法，即采用铺垫坐浆灰、灌浆汁或灌稀浆灰等方式进行砌筑连接。灌浆所用的灰浆多为桃花浆、江米浆或生石灰浆。

砂浆 一般用水泥砂浆，即水泥、沙、水按一定比例配制成的浆体。用于配制构件的接头、接缝加固、修补裂缝应采用膨胀水泥。运输砂浆时，要确保砂浆具有良好的和易性，和易性良好的砂浆容易在粗糙的表面抹成均匀的薄层，和易性包括流动性和保水性两个方面。

　　金刚墙　金刚墙是指券脚下的垂直承重墙，即现代的桥墩，又叫"平水墙"。梢孔（即边孔）内侧以内的金刚墙一般做成分水尖形，因此称为"分水金刚墙"，梢孔外侧的叫"两边金刚墙"。

　　碹石　碹石古时多称券石，在碹外面的称碹脸石，在碹脸石内的叫碹石，主要区别是加工面的多少不同。碹脸石可雕刻花纹，也可加工成光面。

混凝土构件

　　混凝土构件制作的工程内容有模板制作、安装、拆除、钢筋成型绑扎、混凝土搅拌运输、浇捣、养护等全过程。

　　模板制作

　　① 木模板配制时要注意节约，考虑周转使用以及以后的适当改制使用。

　　② 配制模板尺寸时，要考虑模板拼装结合的需要。

　　③ 拼制模板时，板边要找平刨直，接缝严密，不漏浆；木料上有节疤、缺口等疵病的部位，应放在模板反面或者截去，钉子长度一般宜为木板厚度的 2~2.5 倍。

　　④ 直接与混凝土相接触的木模板宽度不宜大于20cm；工具式木模板宽度不宜大于15cm梁和板的底板，如果采用整块木板，其宽度不加限制。

　　⑤ 混凝土面不做粉刷的模板，一般宜刨光。

　　⑥ 配制完成后，不同部位的模板要进行编号，写明用途，分别堆放，备用的模板要遮盖保护，防止变形。

　　拆模　模板安装主要是用定型模板和配制以及配件支承件根据构件尺寸拼装成所需模板。及时拆除模板，将有利于模板的周转和加快工程进度，拆模要把握时机，应使混凝土达到必要的强度。拆模时要注意下列几点：

①拆模时不要用力过猛过急，拆下来的木料要及时运走、整理。

②拆模程序一般是后支的先拆，先支的后拆，先拆除非承重部分，后拆除承重部分，重大复杂模板的拆除，事先应预先制定拆模方案。

③定型模板，特别是组合式钢模板要加强保护，拆除后逐块传递下来，不得抛掷。拆下后，即清理干净，板面涂油，按规格堆放整齐，以便于再用。如果背面油漆脱落，应补刷防锈漆。

6.2　桥面施工

桥面指桥梁上构件的上表面，通常布置要求为线型平顺、与路线顺利搭接。城市桥梁在平面上宜做成直桥，特殊情况下可做成弯桥，如果采用曲线形时，应符合线路布设要求。桥梁平面布置应尽可能采用正交方式，以免与河流或桥上路线斜交。如果受条件限制时，跨线桥斜度不宜超过 15°，在通航河流上不宜超过 15°。

梁桥的桥面通常由桥面铺装、防水和排水设施、伸缩缝、人行道、栏杆、灯柱等构成。

桥面铺装

桥面铺装的作用是避免车轮轮胎或履带直接磨耗行车道板，保护主梁免受雨水侵蚀，分散车轮的集中荷载。因此桥面铺装的要求是：具有一定强度，耐磨，避免开裂。

桥面铺装一般采用水泥混凝土或沥青混凝土，厚 6~8cm，混凝土强度等级不低于行车道板混凝土的强度等级。在不设防水层的桥梁上，可在桥面上铺装厚 8~10cm 有横坡的防水混凝土，其强度等级也不低于行车道板的混凝土强度等级。

桥面排水和防水

桥面排水是借助于纵坡和横坡的作用，使桥面水迅速汇向集水碗，并从泄水管排出桥外。横向排水是在铺装层表面设置

1.5%～2%的横坡，横坡的形成通常是铺设混凝土三角垫层构成，对于板桥或就地建筑的肋梁桥，也可在墩台上直接形成横坡，而做成倾斜的桥面板。

当桥面纵坡大于2%而桥长小于50m时，桥上可不设泄水管，而在车行道两侧设置流水槽以免雨水冲刷引道路基，当桥面纵坡大于2%、桥长大于50m时，应沿桥长方向12～15m设置一个泄水管，如果桥面纵坡小于2%，则应将泄水管的距离减小至6～8m。

桥面防水是将渗透过铺装层的雨水挡住并汇集到泄水管排出。一般可在桥面上铺8～10cm厚的防水混凝土，其强度等级一般不低于桥面板混凝土强度等级。当对防水要求较高时，为了避免雨水渗入混凝土微细裂纹和孔隙，保护钢筋时，可以采用"三油三毡"防水层。

伸缩缝

为了确保主梁在外界变化时能自由变形，就需要在梁与桥台之间、梁与梁之间设置伸缩缝（也称变形缝）。伸缩缝的作用除确保梁自由变形外，还能使车辆在接缝处平顺通过，避免雨水及垃圾泥土等渗入，其构造应方便施工安装和维修。伸缩缝的做法如图4-21所示。

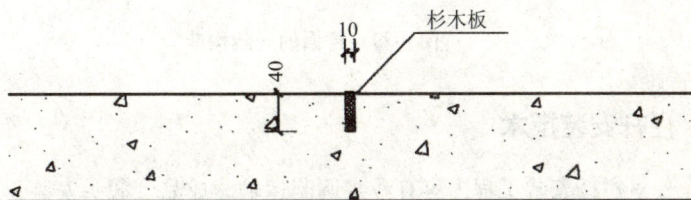

图4-21 伸缩缝做法（单位：mm）

常用的伸缩缝有：U形镀锌薄钢板式伸缩缝、橡胶伸缩缝、钢板伸缩缝。

人行道、栏杆和灯柱

城市桥梁一般均应设置人行道，人行道一般采用肋板式构造。

栏杆是桥梁的防护设备，城市桥梁栏杆应该美观实用、朴素大方，栏杆高度通常为1.0~1.2m，标准高度是1.0m。栏杆柱的间距一般为1.6~2.7m，标准设计为2.5m。

城市桥梁应设照明设备，照明灯柱可以设在栏杆扶手的位置上，也可靠近边缘石处，其高度一般高出车道5m左右。

梁桥的支座

梁桥支座的作用是将上部结构的荷载传递给墩台，同时确保结构的自由变形，使结构的受力情况与计算简图相一致。

梁桥支座一般按桥梁的跨径、荷载等情况分为简易垫层支座、弧形钢板支座、钢筋混凝土摆柱、橡胶支柱。桥面的一般构造如图4-22所示。

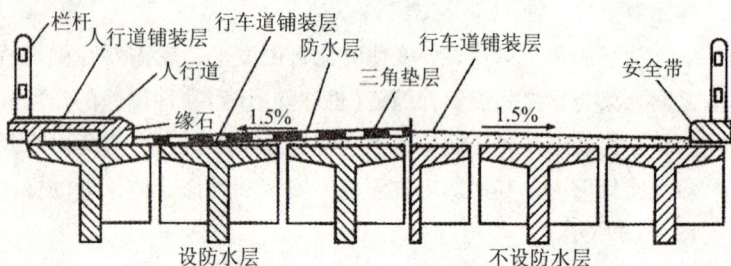

图 4-22　桥面的一般构造

6.3　栏杆安装技术

栏杆安装工程内容有沙浆调制运输、成品、截头安装、灌缝净面、搭拆烘炉及起重架等。

栏杆的种类

持杖栏板　持杖栏板是指在两栏杆柱之间的栏板中最上面为一根圆形模杆的扶手，即为持杖。其下由雕刻云朵状石块承托，此石块称为云扶，再下为瓶颈状石件，称为瘿项，支立于盆臀之上。再下为各种花饰的板件。

罗汉板　罗汉板是指只有栏板而不用望板的栏杆，在栏杆端头用抱鼓石封头。位于雁翅桥面里端拐角处的柱子叫"八字折柱"，其余的栏杆柱都叫"正柱"或"望柱"，简称栏杆柱。

栏杆地栿　栏杆地栿是栏杆和栏板最下面一层的承托石，在桥长正中带弧形的叫"罗锅地栿"，在桥面两头的叫"扒头地栿"。

其他栏杆　金属栏杆是指布置在楼梯段、平台边缘或走廊等边缘外，有一定刚度和安全性的保护设施。它一般多用方钢、圆钢、扁钢等型钢焊接而成。方钢多为 $15 \sim 25mm$，圆钢为 $\phi 16 \sim 25mm$，扁钢多为 $(30 \sim 50)mm \times (3 \sim 6)mm$，钢管多为 $\phi 20 \sim 50mm$，栏杆高度 $900 \sim 1100mm$，栏杆垂直件的空隙不应大于 $110mm$。

栏杆与楼段的连接通常有三种方法：在楼段与栏杆的对应位置预埋铁件焊接，预留孔洞用细石混凝土填实，电锤钻孔膨胀螺栓固定。

其他问题

防潮　防潮层的材料和具体做法如下。

防水沙浆防潮层　具体做法是抹一层 $25mm$ 厚 $1:2.5$ 水泥沙浆，掺入适量的防水剂，一般为水泥用量的 5%，以代替油毡等防水材料。

油毡防潮层　在防潮层部位先抹 $20mm$ 厚沙浆找平层，然后做一毡二油，油毡的宽度应比找平层每侧宽 $10mm$，油毡沿长度方向铺设，其搭接长度应大于 $100mm$。

混凝土防潮层　由于混凝土本身具有一定的防水性能，因此在防潮层的部位浇筑一层 $60mm$ 厚细石混凝土带，内配 $3\phi 6mm$ 钢筋或 $3\phi 8mm$ 钢筋。

防水沙浆砌砖　采用防水沙浆砌三皮砖，作为防潮层。

防水　对位于非冰冻地区的桥梁要作适当的防水，可在桥面上铺筑 $8 \sim 10cm$ 厚的防水混凝土铺装层。

参考文献

[1] (美)贝尔托斯基(Tony Bertauski)著，闫红伟，李俊英，王蕾等译. 园林设计初步[M]. 北京：化学工业出版社，2007.

[2] (明)计成 撰，胡天寿 译注. 园冶[M]. 重庆：重庆出版社，2009.

[3] 丁绍钢. 风景园林·景观设计师手册[M]. 上海：上海科学技术出版社，2009.

[4] 吕明伟. 中国园[M]林. 北京：当代中国出版社，2008.

[5] 曹林娣. 图说苏州园林——铺地[M]. 安徽：黄山书社，2010.

[6] 徐哲民. 园林规划设计[M]. 北京：中国建筑工业出版社，2011.

[7] 余树勋. 园林美与园林艺术[M]. 北京：中国建筑工业出版社，2006.

[8] 余开亮，李满意等. 园林的印迹[M]. 北京：中国发展出版社，2009.

[9] 王浩. 园林规划设计[M]. 南京：东南大学出版社，2009.

[10] 李开然. 园林设计[M]. 上海：上海人民美术出版社，2011.

[11] 刘少宗. 园林设计[M]. 北京：中国建筑工业出版社，2008.

[12] 刘学军. 园林模型设计与制作[M]. 北京：机械工业出版社，2011.

[13] (英)阿伦·布兰克. 园林景观构造及细部设计[M]. 北京：中国建筑工业出版社，2002.